경계에 흐르다

최진석 산문

경계에 흐르다
최진석 산문

초판 발행일 2017년 8월 23일
4쇄 발행일 2022년 12월 31일

지은이 최진석
펴낸이 유재현
출판감독 강주한
마케팅 유현조
디자인 박정미
인쇄·제본 영신사
종이 한서지업사

펴낸곳 소나무
등록 1987년 12월 12일 제2013-000063호
주소 경기도 고양시 덕양구 대덕로 86번길 85(현천동 121-6)
전화 02-375-5784
팩스 02-375-5789
전자우편 sonamoopub@empas.com
전자집 post.naver.com/sonamoopub1

ⓒ 최진석, 2017
ISBN 978-89-7139-099-3 03810

이 도서의 국립중앙도서관 출판예정도서목록(CIP)은 서지정보유통지원시스템 홈페이지
(http://seoji.nl.go.kr)와 국가자료공동목록시스템(http://www.nl.go.kr/kolisnet)에서
이용하실 수 있습니다. (CIP제어번호: CIP2017018403)

경계에 흐르다

최진석 산문

소나무

글 싣는 순서

서문 08 경계, 비밀스러운 탄성

1부 늑대의 털은 쓸쓸한 눈빛을 데우지 못한다

- 12 고향, 나의 까닭
- 16 금방 죽는다
- 25 불언不言의 가르침
- 34 배반의 출렁거림
- 38 우물에 물이 차오를 때
- 42 보는 사람
- 46 오직 혼자서 덤비는 눈빛
- 52 비틀기와 꼬임
- 57 약 오르면 진다
- 61 '읽기'와 '쓰기', 그 부단한 들락거림
- 67 심심하기 때문에
- 73 나를 만나는 일
- 81 경계에 선 불안을 견딜 수 있는가
- 86 '사람'으로 산다는 것
- 96 잔소리에 대하여
- 101 원심력과 중력 사이
- 105 직職과 업業

2부 게으른 눈, 부지런한 손발

- 110 앞서기 위해 물러선다
- 119 위대함은 어디에서 오는가
- 122 철학이 의자가 되는 방법
- 129 진리냐 전략이냐
- 134 정치란 너의 혀를 굽히지 않는 것
- 138 친구를 기다리지 마라
- 144 투명한 벽
- 148 공부의 배신
- 152 덕(德)에 대하여
- 156 문자를 지배하는 사람 1
- 160 문자를 지배하는 사람 2
- 164 새로워지는 일
- 168 봅슬레이와 마늘 밭의 진리
- 173 신뢰에 대하여
- 177 외우기의 힘
- 182 이익(利)을 논하라
- 186 모르는 곳으로

3부 아득한 하늘이여, 이것은 누구의 탓이더냐

- 192 이탈자들
- 196 무엇부터 할 것인가
- 200 거칠고 과감하게
- 204 너 자신을 알라
- 209 돈과 자본, 부자와 자본가
- 213 혁명을 꿈꿀 때
- 217 시가 잘 써지지 않는 까닭
- 222 지식보다 지루함을
- 226 흘러야 썩지 않는다
- 230 지성의 폐허
- 234 지식인의 몰락
- 238 과거와 벌이는 전면적 투쟁
- 242 잡스러워진 손에 담아야 할 것
- 247 움직임, 그곳에서, 홀로

4부 무거운 주제에 관한 가벼운 이야기

254 불손함이 빚어내는 생각의 기울기
267 낯설고 깜짝 놀라는 그 순간 시작되는 것들
276 타이어가 아니라 바람일 뿐
286 놀이와 여가, 그 비밀스럽고 찰나적인 접촉

서문
경계, 비밀스러운 탄성

나는 경계에 있을 때만 오롯이 '나'다. 경계에 서지 않는 한, 한쪽의 수호자일 뿐이다. 정해진 틀을 지키는 문지기 개다. 경계에 서야 비로소 변화와 함께할 수 있다. 변화는 경계의 연속적 중첩이기 때문이다. '진짜 나(眞我)'는 상(相)에 짓눌리지 않는 존재다. 이러면 부처가 되는 필요조건은 일단 채워진다. 동네 부처라도 될 요량이면 경계의 흐름 속으로 비집고 스며들어야 한다.

경계에 서 있으면 과거에 붙잡히지 않고 미래로 몸이 기운다. 미래가 열리지 않는 것을 한탄하지 마라. 내가 그저 한쪽을 지키는 성실한 투사임을 한탄해라. 경계에 서 있는 상태를 자유롭고 독립적이라고 한다. 자유롭고 독립적이어야만 창의적이고 혁명적이다. 거기서 모든 위대함이 자란다. 하지만, 경계는 안타깝게도 비밀스럽다.

절대자유와 한계 지우지 못하는 큰 경지를 장자는 '대붕(大鵬)'으로 묘사한다. 대붕은 원래 작은 물고기였다. 길고 투철한 학습의 공력(積厚之功)이 극한까지 커져서 질적인 전환을 도모하지 않을 수 없던 찰나에 수양의 터전인 우주의 바다에 동요가 일자 그 순간을 놓치지 않고 과감하게 9만 리를 튀어 올라 새가 되었다. 이것이 '대붕'이다. 한쪽을 붙잡은 채 거기에만 머물지 않고 경계에 흘러야 주체는 튀어 오르는 탄성을 가질 수 있다. 탄성은 경계의 자손이자 위대함을 격발하는 방아쇠다. 대붕은 9만 리를 튀어 오르는 내내 단 한 번도 뒤를 돌아보지 않는다.

이 책은 기존에 여기저기 올린 글들을 한곳으로 모은 것이라는 의미 이상은 없다. 경계에 흐르려는 의지를 다양하게 표현한 것이라는 말은 하고 싶다. 또 몇몇 내용들은 분리되어 다른 책에 들어앉아 있는 것도 있다. 적은 양이지만, 먼저 말씀드리면서 이해를 구한다.

산재된 글들을 한곳으로 모아 그것들에게 고향을 만들어 주자는 제안을 해준 강주한 편집감독에게 고마움을 표한다. 책을 진실하게 잘 만드는 사람이다. 이제 소나무에도 조금 변화가 생겼다. 재현 형이 뒷방으로 옮겨 갔고, 현조가 거실로 나왔다. 재현 형과 함께 거실에서 보냈던 시간들이 참 소중하다. 현조에게 기대가 크다.

2017년 7월 25일 최진석

늑대의 털은
쓸쓸한 눈빛을
데우지 못한다

고향, 나의 까닭

서울 남부 끝자락에서 화원을 가꾸며 먹고사는 용진이가 저녁이나 먹자고 불렀다. 약속으로 치자면 1년이나 훨씬 전부터 졸라대어 성사된 것이었다. 용진이는 같은 반 친구였던 은순이와 산다. 은순이는 예쁘장했었다. 함평군 대동면 향교리 서교부락 동네 당산나무를 뱅뱅 돌다가 함께 석양을 등지던 태환이와 오만이도 나왔다. 45년 전 당산나무파들의 회합이었다.

용진이가 굳이 만나자고 한 이유는 내가 텔레비전에도 나오고 신문에도 나와서 유명해졌는데, 친구로서 대접이 늦었다는 것이다. 그 친구는 대접이라고 했지만, 나에게는 격려로 들렸다. 직접 어부에게 부탁하여 귀하고도 비싼 흑산 홍어를 구해 왔다. 이렇게 큰돈을 쓴 용진이를 은순이는 용서할지 모르겠다. 도마까지

가지고 와서 그 자리에서 손수 썰어 주는데, 홍어의 찰진 맛만큼이나 진하게 고향의 힘을 느낄 수 있었다.

유명해진 친구는 맨날 시간 핑계 대고 약속을 미루었는데, 세상 풍파 맨몸으로 견뎌 온 친구는 대접해 줄 시간만 기다리며 전화하고 또 전화했었구나. 텔레비전에 나오고 유명해졌다고 없는 돈 축내서 기어이 홍어 한 점이라도 먹이고 싶은 마음을 타향에서 만나기란 결코 쉽지 않다.

고향이란 무엇일까? 치밀한 시간 핑계를 무력화시키고, 나를 결국에는 끌어내고야 마는 그 고향의 우정이란 도대체 무엇일까? 옛날 구슬치기 이야기만으로도 눈물방울을 떨어뜨리게 하고, 대차대조표로는 손해인 것이 분명한 일도 기꺼이 하게 하는 고향은 도대체 무엇일까?

고향은 '뿌리'고, '원래'고, '본래'고, '근거'고, '까닭'이란 것들이 잘 계산되지 않는 형체로 그냥 뭉뚱그려져 있는 곳이 아닐까. '고향故鄕'이란 단어가 바로 그러하기 때문이다.

'고향'은 단순히 자기가 태어나서 자란, 오랜 시간 전의 동네가 아니다. 만일 그런 동네라면 '故鄕'이라고 쓰지 않고, '古鄕'이라고 써도 될 법하다. 하지만 우리는 '古'가 아니라 '故' 자를 써서 '고향'을 부른다. '故'는 '연고'고 '근거'고 '원래'고 '본래'를 의미한다. '까닭'이자 '연유'다.

그래서 '고향'은 '나'의 본래 모습, '원래의 나'가 있었던 곳이다. 거기서는 아무리 먼 곳에 다녀왔더라도 언제나 원래의 '나'가 발견될 수 있다. 화장기 없는 나의 맨 얼굴이 여전히 남아 있는 곳이다. 누구나 마주할 수 있는 곳, 거기서는 내가 '일반명사'로 이탈하지 않고, '고유명사'로 살아 있을 수 있다.

누군가 10대에 고향을 떠나지 않고는 대성할 수 없다고 말한다. 그래서 그런지 몰라도 많은 사람들이 성취와 성공을 위해서 고향을 떠나 타향으로 간다. '나'의 터전을 떠나 '그들'의 세상 속으로 들어간다. '나의 뿌리', '나의 까닭'을 품거나 묻어 둔 채 '타자他者'들의 세상 속으로 들어가는 것이다.

'나'들이 '타자'들의 거대한 공간에서 또 다른 '타자'로 동화되어 가는 곳, 그곳이 바로 '타향他鄕'이다. '타향'에서 '나'는 '고유명사'인 '나'로 돌아다니거나 '원래의 나'를 드러내고 다니기보다는 '타자'들과 동화되면서 갖게 된 다양한 수식어 덩어리를 달고 다닌다. 이른바 '익명성'이다.

'타향'에서 나는 익명성 속에 숨어 지내는 '감춰진 존재'다. '감춰진 존재'들끼리는 자신의 존재 가치를 다양한 수식어를 통해서 가늠할 수밖에 없다. 그래서 돈이 많은 사람 혹은 가난한 사람, 큰 차 타는 사람 혹은 작은 차 타는 사람, 전세 사는 사람 혹은 월세 사는 사람, 진보적인 사람 혹은 보수적인 사람, 좌파 혹은 우파, 보수꼴통 혹은 종북좌빨 등 익명성의 지배권은 철저히 인공적으로 조작된 이념이나 신념의 차지다.

따라서 각자의 진짜 모습보다는 정해진 이념이나 신념에 의해서 조정되거나 굴복되는 사람이라면 모두 타향살이를 하고 있다.

내가 '나'로 존재하지 않고, '우리'의 일원으로 존재해 버리면, 그것은 모두 타향살이다. '나'를 삶의 주인으로 두지 못하고, 그 주인 자리를 화장기로 꾸며 놓은 뻣뻣한 무엇에 양보하고 사는 사람, 고향을 잃은 사람이다.

고향은 바로 내가 '나'로 드러나는 곳이다. 고향에서 나는 화장기 없이 맨 얼굴로 다닌다. 더 중요한 것, 더 본래적인 것, 더 맛있는 것은 모두 고향에 있다. 내 주인 자리를 내가 가지고 있는 사람, 모두 고향을 떠나지 않은 사람이다.

용진이의 호출은 바로 고향의 호출이었다. 겨울밤, 찬바람을 이기며 돌아오는 내내 나는 오직 '나'만 바라보았다. 나는 고향에 있다.

금방 죽는다

 이 단어를 떠올리면 느리고도 느리게 평정이 흔들린다. 이런 비슷한 기분이 들 때 착 가라앉는다고 표현하곤 했던 것 같은데, '착'이라는 단어가 바늘 끝처럼 거슬린다. 어딘가에 딱 달라붙어 버린 느낌. 그래서 유동성이 제거되어 상승이나 승화의 기운은 아예 휘발되어 버릴 것 같은 두려움. 밀폐성의 답답함. 그러나 내 기분은 사실 '착'을 울타리 치는 이런 느낌들과는 많이 다르다. 차라리 좀 붕 뜬 기분 같기도 하다. 부력을 받는 중량감. 그러면서 흘러가는 그런 상태다. 이 단어는 바로 '죽음'이다.
 고등학교 1학년 여름방학 초입의 조금 늦은 초저녁이었다. 나는 마당에 덕석을 깔았다. 거기 둘러앉아 우리 식구들은 닭백숙을 먹을 것이다. 엄마가 준비를 하시는 동안 모깃불을 피우고 덕석에 벌렁 누웠다. 하늘에는 초저녁 별들이 부산스러웠다. 그렇게 이른 시간에 벌써 서둘러 달려가는 별똥별도 있었다. 별똥별은 달리다가 가속도를 타고 사라졌다. 나는 이유 없이 별똥별의 궤적을 내 안의 어딘가에 한참 동안 가둬 두었다. 어느 것이 먼저이고, 어느 것이 나중인지를 모를 정도로 잠깐이었다. 항상 하던 일을 하면서 잠깐 누운 순간에 나는 아주 다른 세계로 급히 이동하고 있었다.

그것은 처음 경험한 것이라고 말하기도 부족하다. 정확하게 말하려고 애써 본다면, 한 번도 경험해 보지 못한 어떤 것으로서 태초 같기도 하고 종말 같기도 했다. 음험한 어떤 기운이 모든 땀구멍에다가 표식을 달아 놓고 나를 훑으며 아주 천천히 지나갔다. 나는 한기가 서린 그 기운을 감당할 수 없었다. 그냥 무너졌고, 방향을 잃었으며, 끝없이 추락했다. 구체적으로 체온도 떨어졌다. 닭백숙이 담긴 그릇을 들고 가벼운 발걸음으로 웃으며 다가오시는 엄마도 갑자기 남이 되었다. 누나와 동생의 재잘거리던 소리들도 내게 다가오지 못하고 그냥 먼 곳에서 멈추어 웅성기릴 뿐이었다. 매우 무서운 경험이다. 닭백숙을 한 점도 뜯지 못하고, 나는 별똥별이 남긴 기억 속의 궤적을 따라 희미하게 소멸되어 갔다. 몇 날을 아무것도 먹지 못했다. 우물에서 기력을 놓고 쓰러지기 전까지.

잠들기 전에는 항상 그 덕석의 찬 기운을 느꼈다. 긴 시간 동안 그것은 하나의 의식이 되어 버렸다. 내 기운은 방향 없이 소멸

되면서 맥없는 분말처럼 소실점도 갖추지 못한 채 흩어지고, 정신은 안개처럼 흐려진다. 체온이 내려가다가, 공포도 아니고 두려움도 아니지만 모호하게 무섭기만 한 어떤 한기에 의해 정신이 아득해질 때쯤 갑자기 온몸에 식은땀이 나면서 나는 축축해진다. 그 축축함은 그늘진 깊은 계곡 큰 낙엽 아래의 음습한 어떤 곳 같기도 하다. 많은 것을 습관처럼 감추기만 하는 엉큼한 파충류의 눈 주위 같기도 하다. 아무것도 아니면서 매우 강력한 영향력을 행사하기만 하는 것이 있다면, 그것은 얼마나 두려운 것인가. 사실 수시로 덤비는 그것들에 속수무책인 채 몇 십 년 동안 그저 식은땀만 흘리다 잠들었다. 나는 매일 이런 의식을 치르며 잠든다.

그런 의식을 치르기 시작하던 열여섯 살에 나는 분명히 딴사람이 되었다. 그 단절 같은 두려움 앞에서 원래 열심이던 것에는 게으름을 피우고, 눈길을 주지 않던 것들에 눈길을 주었다. 허용된 모든 것이 지루해 죽을 맛이었다. 대신 금지된 것들은 죄다 재밌고 좋아서 깊이 빠져들었다. 내 성실성의 초점도 대상을 바꾸었다. 대학에 가는 일보다 정체 모를 '의미'가 커 보였다.

그런데 그 내면의 두려움은 오히려 내게 그 어떤 것도 두려워하지 않는 만용과 거친 숨결을 주었다. 방탕한 생활 속에서도 시간이 금보다 귀하다는 것을 천천히 배워 나갔다. 무엇보다도 내가 금방 죽는다는 것을 몸으로 느꼈다. 밤마다 치르는 의식은 내게 인생의 유한함을 알 수 있게 해주었다. 돌이켜 보면, 이보다 더 큰 학습은 없었다. 어찌 보면, 나는 내가 금방 죽는다는 이 체득 위에 흔들리며 서 있기 시작했고, 서 있던 그 자리는 점점 견고해졌다. 또 알게 되었다. 나뿐만 아니라, 내가 아는 사람이나 모르는 사람이나, 내가 예뻐하는 사람이나 미워하는 사람이나 내 아내나 내 아들들까지도 모두 금방 죽는다는 것을.

금방 죽는다는 사실에 대한 체득은 언뜻 생각하면, 모든 것을 소멸시키고 포기해 버리려 할 것 같지만, 정반대로 내게 두려움 대신 순간을 영원으로 확장하려는 강한 의지를 주었다. 순간에 대한 체득은 필연적으로 영원성에 대한 갈망을 낳게 한다. 사실을 객관적으로 인식하는 것에 멈추지 않고, 그것을 흔들어서 무한확장하려는 예술적인 높이의 도전으로 이끌어 주었다. 시를 읽고 외우게 했다. 문자보다는 그 문자들 사이를 비집고 다니는 소리의 아름다움을 알게 했다.

이제는 더욱 분명히 안다. 죽음에 대한 체득이 삶을 튼실하게 북돋운다는 것을. 이것은 크고 위대한 모든 성취의 가장 강력한 비결이다. 곧 죽는다는 사실을 아는 사람은 바람직한 일보다는 자기가 바라고 좋아하는 일을 선택할 수밖에 없기 때문이다.

『장자』는 매우 두꺼운 책이다. 그 안에서 장자가 한 많은 얘기들은 인간의 무한확장을 도모한다. 그것을 장자는 '소요유逍遙遊'라는 단어로 묘사했지만, 절대자유라고 말해도 된다. "해와 달과 어깨를 나란히 하고 우주를 겨드랑이에 낀 채 만물의 흐름과 하나도 어긋나지 않는다. 모든 것을 혼돈의 상태 그대로 두고 귀천 같은 것은 구별도 하지 않는다."(「제물론齊物論」) 한 인간이 우주를 겨드랑이에 낄 수 있을 정도로 성장하였다.

그래도 이 정도는 좀 친절하게 말한 것으로 볼 수 있다. 『장자』를 펼치자마자 읽히는 내용은 더욱 광활하다. "우주의 북쪽 바다에 몇 천 리나 되는지 알 수 없을 정도로 큰 곤鯤이라는 물고기가 살았는데, 변해서 붕鵬이라는 새가 되었다. 붕의 등 넓이도 몇 천 리나 되는지 모른다. 힘차게 날아올라 날개를 펼치면 마치 하늘 가득 드리운 구름 같다. 이 새는 바다가 크게 출렁거려 대풍大風을 일으킬 때, 그 기운을 타고 천지天池라고 불리는 남쪽 바다로 날아간다."(「소요유逍遙遊」)

곤은 그냥 붕이 되는 것이 아니다. 우선 긴 시간의 축적을 통해 몇 천 리나 되는지 알 수 없을 정도로 크기를 키워야 한다. 크기가 충분히 커진 어느 날 우주의 바다 — 그냥 바다가 아니다 — 가 출렁대며 일으키는 회오리바람을 타고 거대한 날갯짓을 해 구름을 뚫고 9만 리를 솟구쳐 오른다. 상승하는 동력이 극점에 이르러 멈추는 순간 존재 차원에 극변이 일어나 새가 되는 것이다. 적후지공積厚之功, 즉 두텁게 쌓은 공력이 실현되는 순간이다.

이 장엄한 전 과정을 장자는 높은 창공에서 남쪽으로 날아가는 긴 여정으로 묘사했다. 이것은 위대한 승리의 여정이다. 그 안에는 삶에 대한 적극적이고 긍정적인 헌신이 깃들어 있다. 성실한지도 모를 정도로 펼치는 무극의 성실이다. 어떻게 이 정도의 삶이 가능할까? 이 정도의 삶이 가능할 수 있도록 하는 근저의 힘은 무엇일까? 한참 그것을 찾던 어느 날 내 눈에 한 구절이 들어왔다. 곤이 붕이 되어 남쪽으로 날아가는 이 장엄한 성실성의 기초는 모두 이 한 구절에 담긴 체득에서 나온다.

내가 별똥별의 궤적을 내 안의 어딘가에 감추곤 하던 시절, 지붕은 초가에서 슬레이트로 바뀌었지만 벽은 여전히 흙벽이었다. 나뭇단이 쌓인 부엌은 특히 석양볕이 길고 낮게 들어왔다. 부엌에 찾아드는 석양볕은 흙벽의 갈라진 틈새를 거침없이 밀고 들어왔는데, 겨우 책받침 두께 정도에 불과했다. 당연히 흙벽의 갈라진 틈은 책받침보다도 얇다. 그 틈의 간격을 천리마가 달리며 지나치는 시간은 얼마나 짧을까? 아마 순간보다도 더 순간적이고, 찰나보다도 더 찰나적일 것이다. 이 얇은 두께의 틈새를 보통은 극(隙 혹은 郤)이라고 한다.

장자에 의하면, 우리의 일생은 고작 이 찰나적인 간격을 천리마가 지나치는 그 시간 정도밖에 안 된다. 이것이 앞에서 근본적인 체득으로 이끈다고 했던 바로 그 한 구절이다. "하늘과 땅 사이에서 사람이 사는 시간이라는 것은 마치 천리마가 벽의 갈라진 틈새를 내달리며 지나치는 순간 정도다. 홀연할 따름이다!"(「지북유知北遊」)

장자가 말하는 무한확장, 적후지공, 절대자유, 위대한 성취는 모두 금방 죽는다는 이 처절하고도 두려운 체득에 푹 빠졌다가 건진 결과들이다. 순간에 대한 체득만이 영원으로 확장하려는 강한 욕망을 갖게 한다. 장자 철학의 핵심은 절대적으로 이 한 구절의 인식에 뿌리를 두고 있다. 장자가 살았던 자유롭고 투철한 삶은 모두 죽음에 대한 진실한 인식을 기초로 한다.

죽음은 경험되지 못한다. 경험하는 순간 경험하는 주체의 의식이 원래 차지하고 있던 자리를 이탈해 버리기 때문이다. 그래서 죽음은 누구에게나 제3자의 일로 다가올 수 있을 뿐이다. 우리는 타자의 죽음을 통해서 죽음을 간접적으로 경험하는 것이 전부다. 내 죽음을 경험할 수는 없다. "금방 죽는다"는 말을 듣거나 의식하는 당시에는 평정이 허물어지고 내면이 동요하기 때문에 체득이 일어나는 것 같지만, 잠깐 지나면 "금방 죽는다"는 문장이 나의 일로 남지 않는다. 나에게 경험되지 않기 때문에 항상 '죽음'으로만 존재하지 죽어 가는 일로서의 '사건'으로 의식되지 못하는 것이다.

보자. '죽음'은 없다. 있는 것이라고는 '죽어 가는 일'뿐이다. 체득은 '죽음'에 대하여 내용적으로 인식하는 것이 아니라, '죽어 가는 사건'으로 직접 경험한다는 것이다. 문제는 '죽어 가는 사건'을 내가 경험할 수 없다는 데에 있다. 다만, 죽음의 구체적 상황, 비슷한 경우 속으로 나를 밀어 넣을 수는 있다. 나에게 직접 닥치는 '사건'으로 체득하려면 '죽음'이라는 말을 들으면서 '평정'이 무너지며 내면이 동요하는 그 경험의 시간을 계속 늘려 나가는 수밖에 없다. 기억하고 의식하는 수밖에 없다. 죽음에 대한 공포가 운명처럼 우연히 다가와서 집요하게 머물러 죽음을 '사건'으로 대면할 수 있기도 하지만, 보통 그런 경우는 매우 희박하므로 우리는 튼실한 삶을 위해 죽음을 의식적으로 자주 불러들이는 수밖에 없다. 인생이 짧디 짧다는 것을 항상 기억해야 한다.

나는 '금방 죽는다'는 사실과 '죽어 가는 사건'의 실재성을 연속적으로 붙들어 놓고 싶다. 그것이 삶을 튼실하게 하는 비결임을 알기 때문이다. 그래서 아침에 일어나면 조용히 앉아 "나는 금방 죽는다"고 서너 번 중얼거린다. 그러면 적어도 그날 하루는 덜 쩨쩨해질 수 있다. 최소한 그날 오전까지만이라도 덜 쩨쩨해질 수 있다. 나 자신을 번잡하고 부산스러운 곳에 두는 일을 그나마 조금 줄일 수 있게 된다. 시간을 조금이라도 더 소중하게 쓸 수 있게 된다. 급한 일보다는 중요한 일에 더 집중할 수 있게 된다. 그래도 사는 것이 이 모양 이 꼴인 것을 보면 나는 아직 덜 죽은 것이 분명하다. 더 철저하게 죽어 버려야겠다.

아침에 일어나면 조용히 앉아
"나는 금방 죽는다"고 서너 번 중얼거린다.
그러면 적어도 그날 하루는 덜 쩨쩨해질 수 있다.
나 자신을 번잡하고 부산스러운 곳에 두는 일을
그나마 조금 줄일 수 있게 된다.
급한 일보다는 중요한 일에
더 집중할 수 있게 된다.
그래도 사는 것이 이 모양 이 꼴인 것을 보면
나는 아직 덜 죽은 것이 분명하다.
더 철저하게 죽어 버려야겠다.

불언不言의 가르침

요즘은 가까운 기억을 더듬으면 10~20년이요, 좀 먼 기억일라 치면 벌써 30~40년 전 일이곤 한다. 나보다 앞선 선배님들은 이런 기분이 더 심하실 거라고 짐작이 된다. 중학교 때의 일이니 벌써 40년도 한두 해 더 지난 이야기다.

나는 광주의 신역(지금의 광주역) 뒤에 자리 잡고 있던 사레지오라는 다소 생소한 이름을 가진 학교를 다녔었다. 내 1년 후배들이 졸업하고 나서 20년간 문을 닫았다가 1993년에 다시 열었고, 이름도 살레시오로 바꾸었다. 천주교 살레시오 수도회에서 운영하던 학교여서 신부님들이 많이 계셨었는데, 외국 신부님들도 적지 않았다. 그때 나는 아마 외국인을 처음 접했을 것이다.

깡촌에 살다가 초등학교 5학년 말에 광주光州로 유학 와서 내게 가장 충격적이면서 좋았던 점은 6학년 때 교실이 내가 바라던 대로 4층으로 배정되었던 일과, 중학교 때 외국 사람을 처음 본 것이었다. 2층 이상 건물과 외국인을 본 적이 없던 어린 나에게는 어쩌면 당연한 일이었을 것이다. 편한 자리에서는 이미 몇 번 한 말인데, 만일 내가 교육자로서 조금이라도 잘하는 경우가 있다면, 사람으로서 그나마 제대로 사람 구실을 하고 산다면, 아마 중학교 때 받은 교육이 비교적 큰 영향을 끼쳤을 것으로 생각한다.

그 당시 우리 학교에는 이미 실내체육관이 있었고 풀장이 있었다. 작지만 매우 고급스러운 도서관도 있었다. 이 정도의 시설은 아마 당시 우리나라 형편을 따져서 본다면 최소한 광주에서는 거의 유일했을 것이다. 축구공이 귀하던 시절 우리는 공도 충분했고, 매달 하루는 공부 안 하고 선생님들과 운동장에서 놀았다. 교실 뒤에는 사물함이 있어서 무거운 가방을 들고 다니는 고생도 다른 학교 학생들보다 훨씬 덜했다. 한마디로 학생들에게 최고의 교육 시설을 제공한 것이다.

이런 물질적 조건을 제대로 갖춰 주는 일이 교육에서 매우 중요하다. 하지만 그것들보다도 사레지오에서 내가 받은 교육의 핵심은 훨씬 내면적이고 정신적인 것들이다. 천주교라는 종교적 가치를 확산하는 것을 목적으로 세운 학교였지만, 나는 중학교 3년 내내 선생님이나 신부님 어느 누구로부터도 성당에 다니라는 말을 들어 본 적이 없다. 다른 미션 스쿨에서는 일요일에 교회에 가서 목사 도장을 받아 오게 하기도 했다. 어린 나이지만, 이런 큰 차이들을 보면서 선생님이나 신부님들이 우리를 얼마나 인격적으로 대해 주시고 또 우리의 자율적 결정을 믿고 기다리시는가를 충분히 느낄 수 있었다. 종교를 선택하는 일도 우리가 스스로 하는 일이라는 것을 암암리에 인정해 주셨다. 이런 인정 속에서 우리는 매우 강력한 종교적 감화를 경험할 수 있었다. 강제적인 교육보다도 감화되기까지 기다려 주는 일이 훨씬 효과가 크고 강력하다는 것을 이미 어린 그 나이에 알았다.

교육의 핵심이 무엇일까? 다양한 각도에서 여러 가지 관점이 있을 수 있겠지만, 나는 자신에게만 있는 고유한 힘을 발견하고 그것을 키우며 살게 해주는 것이라고 생각한다. 여기서 위대하고 창의적인 모든 결과가 출현한다고 믿는다. 밖에 있는 별을 찾아 밤잠을 자지 않고 노력하게 하는 것이 아니라, 자기 자신이 바로 별이라는 것을 알게 해줘야 한다. 자신이 바로 별이라는 것 혹은 자기에게만 있는 자기만의 고유한 별을 찾게 해주는 것이다. 자신의 별을 반짝이게 하려는 것으로 모든 노력이 채워져야 한다.

그런데 이런 것을 어떻게 알게 해줄 수 있을까? 어떻게 해야 그렇게 될까? 어려운 문제는 사실 이런 점들일 것이다. 그런데 이것은 알게 해주는 것이 중요한 것이 아니라 직접 느끼고 직접 하도록 하는 것이 관건이다. 나는 중학교 때의 추억에서 그 힌트를 얻는다.

지금은 기억도 아득한 어느 외국인 신부님이셨다. 아침 일찍 만원버스에 시달리다 내린 학생들이 교문에 들어서면 어김없이 그 신부님을 만난다. 신부님은 일찍 나오셔서 교문을 들어서는 학생들을 일일이 맞아 주셨다. 그런데 그냥 맞아 주는 것이 아니라 학생들 이름을 하나하나 불러 주셨다. 학생들 이름을 다 외우는 것도 굉장한 일이지만, 하나하나 불러 줄 생각을 하고 또 그것을 실천하시는 모습은 지금 생각해도 경이적이다. 지금은 신부님 성함이나 얼굴도 기억나지 않고 또 그런 일이 진짜 있었을까 할 정도로 희미하지만, 그 흐릿한 영상이 남긴 감동만큼은 아직도 선명하다.

그 신부님으로부터 한 번도 내가 별이라는 말을 들어 본 적이 없다. 또 고유한 자기 자신으로 사는 것이 의미 있는 일이라는 말씀도 하신 적이 없다. 이 세계에서는 바로 네 자신이 주인이라는 말씀도 하신 적이 없다. 일반명사로 살지 말고 고유명사로 살아야 한다는 말씀도 하신 적이 없다. 너에게만 있는 궁금증과 호기심을 발휘해야 창의적인 사람이 될 수 있다는 설명도 하신 적이 없다. 대답보다는 질문을 잘해야 한다는 말씀도 하신 적이 없다. 독립적 주체가 되어야 한다고 주지시키지도 않으셨다. 그저 아침 일찍 학교 정문에 서서 학생들 이름을 하나하나 불러 주셨을 뿐이다.

한 명 한 명 이름을 불러 주실 때마다, 호명되는 학생은 그 순간에 고유한 자신의 이름 앞에서 이 세계에 유일한 존재로 등장하는 경험을 한다. 자기가 자기로 존재하는 경험을 할 수 있게 해주는 이 일이야말로 진정한 교육이 가야 할 길일 것인데, 그 일은 커다란 목소리나 화려한 이론이 아니라 단순하다면 단순하다고 할 수 있는 '이름 불러 주기'로 완수되었던 것이다. 여기서부터 나는 내가 우리 속에서 용해되지 않고 고유한 나로 존재하는 힘을 얻을 수 있었다.

같은 신부님이신지 아닌지도 분명하지 않다. 어떤 신부님이라고 해두자. 그 신부님의 태도도 나에게는 마음속에 깊이 남아 있다. 우리는 어릴 때 보통은 이렇게 저렇게 해라, 아니면 하지 말라는 말을 많이 듣고 자란다. 그런데 이 신부님은 무엇을 하라거나 하지 말라거나 하는 말씀을 잘 안 하셨던 것으로 기억난다. 모든 언어를 그런 식으로 구사하셨는지 지금의 기억으로는 단정하기 쉽지 않다. 어쩌다 몇 번 그러셨던 일이 나에게 워낙 강한 인상으로 남았을 수도 있다. 하지만 당시 우리나라 학교 풍경에서 비록 몇 번이라고 하더라도 그런 인상을 남기는 일은 매우 흔치 않은 경우다.

대략 이러셨다. 어떤 학생이 교정에 쓰레기를 버렸다. 그것을 보신 신부님은 쓰레기를 버리면 안 된다고 말씀하거나 당장 주우라고 채근하지 않으셨다. 그저 한마디만 하셨다. "너 지금 쓰레기 버렸어." 힘센 학생이 자기보다 약한 누군가를 때렸다. 신부님은 때린 학생을 불러다 놓고 교훈적인 가르침을 주지 않으셨다. 그저 한마디 하실 뿐이었다. "너 지금 너하고 똑같은 다른 사람을 때렸어." 그저 발생한 일이나 행한 행위를 사실적으로 알려 주실 뿐이었다. 당시에는 학생들이 교복을 입었다. 교복을 입을 때는 목을 감싸는 두터운 깃의 '호크'(단추)를 채우느냐 채우지 않느냐가 매우 중요했다. '호크'를 채우면 모범적이고, 채우지 않으면 불량한 학생으로 분류되기도 했다. 호크를 채우지 않았다는 이유로 체벌이 가해지기도 했다. 호크를 풀고 다니는 학생을 마주치면 그 신부님은 다른 선생님들이 바로 호크를 채우라고 지적하는 것과 다른 태도를 보이셨다. "호크 풀어졌다"는 한마디만 하실 뿐이었다. 호크를 채우라고 지시하지 않고, 호크가 풀어진 사실만 담담하게 말씀해 주셨다.

이러면 자기 행위를 교정한 공이 신부님에게로 가지 않고 오로지 자기 자신의 차지가 된다. 만일 신부님이 쓰레기를 주우라고 해서 줍는다면, 그 쓰레기를 주워서 모범적인 태도를 회복한 공은 전적으로 신부님의 차지가 된다. 신부님이 지시해서 그렇게 한 것이기 때문이다. 하지만 신부님은 사실만을 말했다. 그래서 쓰레기를 줍고 안 줍고는 전적으로 학생이 결정해서 하는 행위가 된다. 그 공이 오롯이 학생 차지가 되는 것이다. 학생이 스스로 자기 행위의 결정자로 등장한다.

여기서 공이 누구 차지가 되느냐는 매우 중요하다. 자기가 자기로 성장하는 데에 반드시 필요한 일은 자기 행위의 주인 자리를 자기가 차지하고 있다는 느낌을 갖는 일이다. 이런 의미에서 행위를 교정할 수 있는 구체적인 내용의 지시보다는 사실만을 말해 주고 스스로 교정하는 기회를 갖게 해주는 일은 매우 중요하다. 별을 찾는 과정 혹은 자신에게 있는 별을 실현하는 과정은 바로 자기가 행위의 주인이 되는 훈련을 하는 일인데, 이런 훈련의 기회를 바로 그 신부님이 주셨던 것이다.

　노자는 자연의 운행과 존재 형식을 모델로 삼는 가장 높은 수준의 인격, 즉 성인聖人은 '불언지교不言之敎'를 행한다고 말한다. 이 '불언지교'는 노자 사상의 핵심인 '무위無爲'적 행위 가운데 한 유형이기도 한데, '불언'이라고 해서 말을 하지 않는 침묵의 가르침이라는 뜻은 아니다. 여기서 '언言'은 개념적으로 규정하거나 정의를 내리는 방식의 언어활동을 의미한다.

　따라서 '불언의 가르침'은 개념적으로 규정하거나 내용을 정해 주는 가르침을 행하지 않는다는 뜻이다. 쓰레기를 주우라거나 호크를 채우라거나 때리지 말라는 지시적 가르침과는 다르다. 개념 규정을 하지 않고, 행위의 내용을 지시하는 형식이 아니다. 차라리 그냥 쓰레기를 버렸다거나 호크가 풀어졌다는 사실만을 알려준다는 말이다.

　결국 '불언지교'가 행해지는 맥락 속에서는 행위자나 피교육자가 자발적이고 자율적인 주체로 등장한다. 책임성을 가진 독립적 주체로 등장한다. 별을 찾아 평생을 헤매는 사람이 아니라 자신이 바로 별이라는 것을 아는 힘을 가질 수 있다.

　내가 이런 이야기를 하면, 이 학교에 같이 다녔던 한 친구는 그런 기억은 없다고 말한다. 자신은 오히려 1학년 때 어떤 선생님으로부터 많이 맞아서 쾌활하던 성격도 매우 소극적으로 바뀌었다고 울분을 토한다. 물론 나도 선생님들이 학생을 과하게 때리는 것을 본 적이 있다. 다른 학교들과 별반 다름없는 지시적이고 폭력적인 일이 없었던 건 아니다. 하지만 그런 좋지 않은 분위기를 제압하는 더 큰 위엄이 있었다. 그 위엄은 단순하게도 바로 신부님이 이름을 불러 주는 일이나 사실만을 알게 해주는 신부님의 인내심이었다. 이런 일들은 기본적으로 밑바탕에 '사랑'이라는 큰 힘을 가지고 있었기 때문에 가능했을 것이다. 사랑을 보여주신 다른 한 분의 신부님이 계시다.

그분은 성함도 얼굴도 기억난다. 스페인에서 오신 왕 신부님이다. 당신이 우리를 얼마나 사랑하시는지 한 번도 말씀해 주신 적이 없다. 하지만 나는 알았다. 그분이 우리를 참 깊이 사랑하신다는 것을……. 말로 하는 것보다 더 쉽고 깊게 알았다.

소풍을 가는 날이었다. 어딘지는 모르지만 나지막한 동산을 서너 개 넘었던 것 같다. 높지 않은 동산이어도 어린 중학생들에게는 높았고 또 힘들었다. 그 신부님도 땀을 많이 흘리셨던 것으로 보아 우리 정도는 아니더라도 힘이 드셨을 것이다. 그런데 우리가 오르막을 힘겹게 오르고 있으면 어디선가 트럼펫 소리가 들렸다. 서둘러 정상에 먼저 가신 왕 신부님이 우리를 위해서 불어주신 것이다.

우리는 그 트럼펫 소리에 힘을 얻어 동산을 넘을 수 있었다. 우리가 정상에 오르고 나면 그 신부님은 부리나케 다음 산을 향해 발걸음을 서두르셨다. 우리가 가장 힘들 때쯤 어김없이 트럼펫을 불어 주신다. 우리는 또 트럼펫 소리를 따라 힘을 내었다. 사랑한다고 말할 필요가 없었다. 나는 왕 신부님의 트럼펫 소리를 들으며 사랑을 느끼고 배웠다. '불언지교'의 또 다른 모습이다.

나는 천주교 신자가 아니다. 하지만 이런 신부님들을 통해서 보편적인 사랑의 가치와 실천의 힘을 배웠다. 교육은 교육의 공이 피교육자에게 돌아가게 할 수 있을 때 진정으로 완성될 것이다. 교육의 공을 차지한 사람이라야 자율적이고 자발적인 생명력을 발휘하여 비로소 이 세계에 우뚝 서는 별이 될 것이다.

배반의 출렁거림

　광주 사람의 자부심은 예향藝鄉이라는 별칭을 통해 확인되고 더욱 키워진다. '예향'은 '예술의 기운이 흐르는 동네' 정도로 이해하면 충분하겠다. 그런 연유인지 광주에는 예술가도 많다. 변두리 조그만 다방에만 들어가도 수묵화 몇 점 걸려 있는 풍경을 보통으로 접할 수 있다.

　예술은 모든 정해진 것들에 저항하면서 생명을 유지한다. 그런 예술적 생명력이 저항하며 흘러 남긴 흔적들이 미술사를 이루고 음악사를 이룬다. 저항의 기운은 그래서 예술의 원천이다. 삶의 탁월성을 가장 극적으로 드러내는 일이다. 그래서 광주에 가면 탁월한 입맛도 누릴 수 있다. 혁명의 기운은 길고 깊게 배어 있다. 모두 광주가 '예향'이기 때문이리라.

'예술의 기운'이라, 그것은 도대체 뭔가. 피아노를 친다고 또는 그림을 그린다고 모두 음악이나 미술을 하는 것으로 볼 수는 없다. 음악이나 미술을 한다고 모두 예술가의 반열로 올려줄 수는 없는 일이다. 인간에 대한 혹은 문명에 대한 철저한 반성과 체득이 드러나야만 '예술'로 받아들여진다. 즉 음악이나 미술의 세계만을 표현하는 데 머무르지 않고, 음악이나 미술이라는 형식을 통해 '인간'을 표현할 수 있으면, 혹은 '인간과 세계 자체'를 표현할 수 있으면, 우리는 그를 궁극적 인간의 형상을 한 '예술가'로 불러야 할 것이다. 야박하다 하더라도 어쩔 수 없는 일이다.

그럼, 인간에 대한 체득은 어디서 오는가? '인간이 움직이는 동선'이나 '인간이 그리는 무늬(人文)'를 접촉하면서 비로소 시작된다. 예술가가 인문학과 만나는 지점이다. 예술가가 인문학적 지식을 충분히 가지고 있지 않을 수는 있다. 하지만 그에게는 학문적 지식을 단숨에 건너뛰어 버리는 '인문적 통찰력'이 있다. 지식이 마침내 넘고자 하는 봉우리를 불안한 고뇌로 빚어진 고도의 감각으로 단숨에 넘어간다. 그가 예술가라면 그렇다는 말이다.

'인간이 그리는 무늬'는 고정되어 있지 않다. 하나의 의미로 고정될 수 있다면 이미 무늬도 아니다. 예술가의 고뇌는 여기서 시작된다. 즉 '이 무늬'에서 '저 무늬'로 이동하는 인간(문명)을 포착하다가 '이곳'에 있는 자신이 '저곳'을 봐 버린 것이다. 이곳과 저곳 사이에 걸쳐져 있는 자신은 분열을 겪는다. 저곳으로 건너가기 위해 이곳에 저항하는 모습이다. 익숙한 '이곳'에 대한 배반이며 변신이다. 혁명가와 예술가가 중첩되는 지점이다.

　배반의 출렁거림은 종종 정신병을 유발한다. 예술가가 자신을 창조적이지 못하다고 자학하는 것은 바로 저곳으로 잘 건너가지지 않는 자신에 대한 지독한 자발적 학대일 뿐이다. 예술가는 이론으로서가 아니라 예민한 감각으로 인간이 나아가는 길을 먼저 보는 사람이다. 우리가 갤러리에 가는 이유도 그 도도한 흐름을 먼저 봐 버린 사람이 남긴 것들을 통해 내가 어디로 향해 가는지 느껴 보기 위해서다. 결국 자신의 길을 발견하는 영감을 얻기 위한 것이다.

　이런 영감을 창출하는 것을 사명으로 가진 사람이 이미 지나간 것에 갇혀 있다면 예술가가 아니다. 예술가가 정치가나 이념가로 전락하는 일은 이렇게 일어난다. 혁명가였던 사람이 혁명의 기억에 갇히면 반항아로 전락하듯이, 예술가도 과거 자신이 했던 창조의 기억에 갇히면 기예가나 화공으로 전락한다.

　예술가여! 예술의 정신은 '먼저 보는 일'에 있음을 기억하자. 먼저 보는 일은 익숙한 자신에 대한 저항에서 출발한다. 저항의 힘을 잃고, 저항했던 기억의 지배를 받는다면 당신은 이제 예술가가 아니다.

　잭슨 폴락의 그림에서는 폴락 사후 25년이 지난 후에나 체계적으로 발표된 프랙탈 이론이 발견되고, 반 고흐의 몇몇 그림에서는 50년 후에 발표될 유체역학의 '콜모고로프 척도(Kolmogorov scaling)'가 구현되어 있다고 한다. 먼저 본 사람은 남몰래 봐 버린 그것을 '갑자기' 드러낸다. 예술의 힘이다.

혁명은 인간이 그리는 무늬를 따라 계속 변절하는 힘의 활동이다. 예술은 변절을 감행하는 자가 오로지 자신만의 눈빛을 믿고 뚜벅뚜벅 앞으로 힘차게 걸어가는 일이다. 나의 고향 '예향'은 여전히 '예향'인가?

우물에 물이 차오를 때

　동양에서 혁명의 원초적 표현은 세상의 철리哲理를 품고 있으면서 점치는 데도 사용되었던 『주역周易』에 나온다. '혁괘革卦'에서 바로 '혁명革命'의 근본적 의미를 보여준다. '혁革'은 '확 뒤집어 바꾼다'는 뜻이다. 소소하고 변두리를 이루는 주변의 것들을 바꾸는 것이 아니라 바로 '명命'을 바꾼다. '명'은 운명이라는 단어에 내포되어 있듯이 가장 근본적인 차원의 지배력을 뜻한다. 근간, 즉 뿌리이자 기둥이다. 현실적으로는 시대정신이거나 국가적 차원의 어젠다 내지는 세계관 정도의 것이다.

　왜 반드시 바꿔야 하는가? 어느 지경에서 꽉 막혀 극단적 비효율만 발생되기 때문이다. 바꾸지 않으면 그대로 주저앉거나 사라져 버리는 단계에 이를 수 있다. 그래서 『주역』에서는 '혁괘'를

'곤괘困卦' 다음에 배치한다. 곤괘는 못 아래에 물이 있는 모습(澤水困)으로 형상화된다. 못(澤)을 말하면서 연못(淵)을 떠올린다면 오해하기 쉽다. 연못은 물로만 채워져 있지만, 못은 불로 태울 수 있을 정도로 갈대나 수초들이 위로 자라고 있는 습지 같은 것이다. 그 습지에 물이 있지 않고, 습지 밑에 물이 있으니, 물이 밑으로 다 빠져서 말라 비틀어져 가는 형국이다. 못 위에서 사는 생명들이 모두 곤궁한 꼴이다. 이런 곤궁해진 이유는 잘나갈 때 경계하지 않고 방만해서다. 잘나가는 모습을 말하는 승괘升卦 다음에 곤괘가 배치되는 이유다.

하지만 비록 곤궁함에 처해 있더라도, 이 곤궁함을 불러일으킨 원인을 직시하고, 깊은 반성을 하여 힘을 추스르면 종내에는 좋은 방향으로 나아갈 수 있는 희망을 볼 수 있다. 이것이 곤괘 마지막 효爻에서 말한 내용이다. 후회하고 반성하면 이제 서서히 풀리게 되어 조금씩 희망의 물이 샘솟는다.

물이 샘솟아 희망을 만들어 내니 바로 우물에 물이 차는 형국이라. 아래로 빠져 버린 물을 위로 끌어올려 회복한다. 정갈한 우물에 담긴 이 회복의 기상이란! 그래서 곤괘는 정괘井卦로 이어진다. 지난날의 곤궁함을 반성하고 다시 힘을 내 노력하면 우물에 다시 물이 차오르듯 새 기운을 얻게 되는 것이다. 독재 다음에 왔던 민주화의 열기와 성취들, IMF 이후의 경제 회복 등등이 우물에 새로 물이 차오르는 형국이리라.

우물에 물이 차오를 때, 처음에는 마실 수도 없고 미약하지만 점점 벽돌을 쌓아 견고히 하면(六四) 우물은 달고 맑아지며 시원한 샘물을 제공해 준다(九五). 그런데 이런 좋은 발전을 지속하려면 우물을 덮지 않아야 한다. 그래서 정괘의 마지막 효에서 안타까운 마음을 담아 말하기를 "우물을 거두어 덮지 않으니 믿음이 있어서 크게 길하리라"고 한 것이다. 만일 우물을 덮어 버리면, 우물의 숨길은 답답해져서 다시 막히는 형국이 되어 버리니 결국은 뒤집어 버려야만 하는 단계에 빠지지 않을 수 없다.

혁괘는 못 아래 불이 있는 모습이다(澤火革). 밑에서 불을 질러 못을 태워 버리니 바로 새 판을 짤 수 있다. 이것이 혁명이다. 밑에서 물을 끌어 올려 겨우 우물을 살려 놓았는데, 왜 우물 뚜껑을 덮어 숨통을 조이면서 새롭고도 진보된 발전을 막아 버릴까? 이것이 혁명을 끌어오고, 혁명이 요청되는 이유다. 난 여기서 우물에 뚜껑을 덮는 일에 계속 신경이 쓰인다.

많은 진보적 노력이 왜 혁명으로 완수되기 어려운가? 어느 시점에서 진보가 '뚜껑'이 되어 버리기 때문이다. 진보적인 시각과 노력이 일정 부분 변혁을 이루다가, 어느 단계에서는 바로 '뚜껑'이 되어서 스스로의 활동을 덮고 제한하기 때문이다. '완장'이 되어 버린다고 해도 말이 될까?

진보적 변혁을 완수하기 위해 힘을 집중하여 투쟁할 때, 대오를 이탈하는 행동가는 당연히 변절자라는 오명을 뒤집어쓰지 않을 수 없다. 하지만 진보적 노력의 어느 단계에서 질적인 변화를 생산해야 할 때, 변절은 필연적이다. 한고조 유방이 고전을 공부할 필요가 없다고 했다가 "말 위에서 천하를 얻었지만, 말 위에서 천하를 다스릴 수는 없다"는 충고를 들은 일도 있지 않은가. 천하를 차지하고 나서도 여전히 천하를 차지하려고 돌진하던 때처럼 해서는 안 된다는 것이다. 변절이다!

정치인으로 권좌에 오른 뒤, 국가 경영인으로의 변신에 실패한 대통령을 우리는 많이 보았다. 변혁은 변혁가가 스스로에게 '뚜껑'을 덮지 않고, 시대의 요청에 따라 변절을 감행하면서 비로소 완성된다. 혁명은 인간이 그리는 무늬를 따라 계속 변절하는 힘의 활동일 뿐이다. '뚜껑'을 덮은 채, 하던 싸움이나 계속 해대려는 사람은 혁명가일 수 없다. 완장 찬 '반항아'일 수는 있다.

보는 사람

　영화 〈아바타〉에는 주제음악의 제목이기도 하면서 의미심장한, 그러나 매우 단순한 대사가 나온다. "나는 당신을 봅니다(I see you)." 이는 내 앞에 있는 당신을 시각적으로 감지한다는 것 이상을 의미한다. '나비족'들은 이 간단한 표현 안에 사랑한다는 뜻도 담고 경이롭게 존경한다는 뜻도 담는다. 비록 외부인이더라도 나비족의 전사로 다시 태어나 일체감을 보여준 사람에게 그렇게 말한다. 인격의 근본 토대와 그 전체성의 차원에서 소통하고 합일하는 어떤 경지가 도래하는 경우에 하는 말로 들린다. 순수한 인격의 시적詩的 승화다.
　궁금증이 생겼다. 왜 "나는 당신을 봅니다"라는 말을 "I look at you"라 하지 않고 "I see you"라고 했을까. 나처럼 영어 실력이 많이 부족한 사람이나 가질 법한 궁금증이다. 'look'은 의도를 가지고 목표물을 응시하는 행위다. 이와 달리 'see'는 그냥 눈에 들어오는 대로 받아들이는 행위다. 'see'는 'look'에 비해 보는 사람의 주관적 편견이나 의도가 많이 제거되어 있어서 더 전면적이고 개방적이다. 한자 문화권의 언어 습관으로 보면 'look'은 '시視'에 해당되고, 'see'는 '견見'에 해당된다.

다시 만날 것을 기대하는 인격적인 표현이 영어로는 'see you'이고, 중국어로는 '再見'임은 당연하다. 다시 만날 것을 약속하면서 인격적인 개방성과 전면성을 약속하지 않는다면 그저 피상적인 대면 이외에 무엇이 되겠는가. 'look'과 '시視'는 어쩔 수 없이 주관의 폐쇄적 편견과 가치 기준 그리고 일방적인 신념을 허용하게 된다. 그래서 넓고 높은 인격들은 'see'와 '견見'의 보기를 한다.

해안가를 달리다 보면 저 멀리 있는 섬이 눈에 들어온다. 사람들이 그 섬을 '본다'고 하지만 진짜로 보는 사람은 많지 않다. 대개는 이미 자신의 의식 속에 들어 있는 섬에 대한 기존의 이해를 토대로 해서 판단해 버리고 만다. 시선을 그 섬에 직접 접촉시키거나 붙이지 못하고 중간에 거두어들이는 것이다. 이래서 보는 일은 인간으로서 상당한 내공이 있어야 가능하다.

'본다'고 하려면 개방된 인격을 가지고 대상에 대하여 전면적이고 성실한 접촉을 시도해야 한다. 접촉한 다음에는 오랫동안 시선을 거기에 머무르게 한다. 이것을 관찰이라고 한다. 관찰하고 또 관찰하면 어느 순간 보는 사람이나 보이는 대상이 구태를 벗고 함께 허물어지는 일이 벌어진다. 전혀 새로운 관계가 형성되는 것이다. 대상을 통하여 내가 새로워지고, 대상 또한 이전과 다른 새로운 존재성을 보여준다. 이 신기한 절차와 결과가 문자를 매개로 정련되어 남겨지면, 우리는 그것을 '시詩'라고 부른다. 그래서 시인은 원초적으로 '보는 사람'이다.

'보는 사람' 함민복은 '섬'을 다음과 같이 보았다. "물 울타리를 둘렀다 / 울타리가 가장 낮다 / 울타리가 모두 길이다."(「섬」, 『말랑말랑한 힘』, 문학세계사, 2012) 기존의 이해를 근거로 판단하면 울타리는 높은 것이고 길을 막는 것이다. 판단하여 시선을 거두어들이지 않고 섬에 직접 접촉시켜 오래 머물게 한 시인의 노고를 통하여 우리는 가장 낮을 뿐만 아니라 심지어는 길이 되어 버리는 울타리를 두른 새로운 섬을 가질 수 있게 되었다.

'보는 사람'은 이전에 존재해 본 적이 없는 진실을 우리 앞에 턱! 하니 선물했다. 새로운 섬이 등장한 것이다. 없던 진실을 있게 만드는 일, 이것이 바로 창조다. 창조는 판단의 결과가 아니라 집요한 보기를 통해서 열리는 새로운 빛이다. 시인이 인간 가운데 지배자의 위치를 점하는 이유다. 지배자는 빌려 쓰거나 따라하지 않는다. 지배자는 창조의 힘으로 압도한다.

정치가 되었건, 학문이 되었건, 예술이 되었건, 산업이 되었건 새로워지는 일을 감행하려면 우선 보아야 한다. 보기 위해서는 스스로를 지배하고 있는 구태의연한 의식으로 채워진 자신이 허물어질 필요가 있다. 이것을 어느 부류의 수양론에서는 '허심虛心

이라고도 하고 '무심無心'이라고도 한다. 그래서 새로운 일은 결국 새로워진 사람이 아니고서는 안 된다고 할 수밖에 없다. 새로워진 사람은 볼 수 있고, 볼 수 있으면 새로워진다. 보는 능력 없이도 지배력을 가질 수 있을까.

오직 혼자서 덤비는 눈빛

개를 본다. 내 손을 핥으며 꼬리를 흔드는 개. 눈이 참 귀엽구나. 장난기도 보인다. 그런데 유類나 종種으로 나눈다고 할 때, 가장 근친관계에 있을 법한 늑대의 눈은 갑자기 달라진다. 늑대의 눈에서는 뭔가 슬픈 기운이 느껴진다. 처연하다고나 할까? 매우 쓸쓸하다. 개는 따뜻하지만, 늑대는 쓸쓸하다. 개와 늑대의 눈은 왜 이토록 다른 느낌을 줄까?

개는 눈앞을 보는 것 같고, 늑대는 시선 너머를 보는 것 같다. 개는 주인에게 밀착하려 하지만, 늑대는 인간의 밀착을 매우 싫어한다. 개는 인간을 따라 살려고 하지만, 늑대는 인간과 일합을 겨루려는 태도를 지킨다. 마크 롤랜즈가 자신의 책 『철학자와 늑대』에서 말하듯이 개는 어깨를 들썩이며 깡충깡충 뛰지만, 늑대는 들썩거림이 없이 미끄러지듯 활주滑走한다. 개는 귀엽지만, 늑대는 의연하다.

주인을 핥거나 주인에게 꼬리를 흔드는 일을 하지 않는 늑대는 주인과 대등한 관계를 유지하려 한다. 그래서 늑대는 주인과 함께 있으면서도 항상 스스로 고독을 불러들인다. 스스로 불러들인 이 고독의 깊이는 눈으로 침투하여 쓸쓸하게 드러난다. 그 처연한 눈빛을 담담하게 받아들이는 자라야 늑대의 주인이 될 수 있다.

사자의 눈을 보자. 늑대보다 더하다. 한없이 쓸쓸한 그 눈빛에 나는 무섬증보다도 사자가 지키는 그 고독의 지경으로 빨려들 것만 같다. 이제 알겠다. 강한 놈일수록 눈빛은 더 쓸쓸하고 처연하구나. 호랑이도 그러하더라. 강한 자의 눈빛은 쓸쓸하다. 쓸쓸한 눈빛은 고독에서 나온다. 고독을 감당하는 놈이라야 강하다.

어떤 친구가 말한다. 휴대폰이나 텔레비전이나 신문도 없는 곳에서 딱 일주일만 혼자 있으면 원이 없겠다고. 나는 쉽지 않은 일이라고 말해 주었다. 혼자 있으면서 편안할 수 있는 일은 매우 깊은 내공이 있는 사람에게나 가능하다는 말도 해주었다. 혼자서 그 고독의 깊이를 온통 감당하는 일은 쉽지 않다.

자신의 함량을 가늠해 보고자 하는 사람은 무조건 익숙한 자신을 벗으니 떠나 보라. 그러나 그 떠나는 일이 단순히 공간의 문제가 아니라 자기를 지배하던 이념과 신념이 결부된 시간의 문제가 되면 한없이 불안해져 버리는 자신을 발견하고야 말리라. 고독은 그 고독을 자초自招할 힘이 있는 사람에게서라야 비로소 고독 그 자체로 현현한다. 강제된 고독은 그저 불편이나 고통일 뿐이다. 고독을 자초할 수 있을까?

장자가 아주 훌륭하다는 말을 들은 초나라 왕이 재상으로 모시고 싶어서 사신을 보냈다. 장자가 일갈한다. "나를 욕되게 하지 말고 당장 돌아가시오. 나는 차라리 더러운 진흙탕에서 스스로 즐거워할지언정 통치자에게 얽매이지는 않겠소. 죽을 때까지 벼슬하지 않고 내 뜻대로 지내다 가겠소."

천하는 전체이고 보편이고 집단이고 정해진 틀이다. 장자는 스스로 자신을 '갈등 구조' 속으로 내몬다. 자신을 동력의 발동자로 만들어 이미 정해져 고착된 전체에 맞서도록 몰아붙이면서 아무도 시도하지 못한 새로운 갈등을 생산해 버린다. 그것도 지지자를 구하거나 동료를 만드는 구차하고 번잡스런 절차를 깡그리 무시하고, 오직 혼자서 덤볐다.

누구와도 상의하지 않았다. 근거를 찾지도 않았다. 자기 자신만의 쾌락(自快)과 자신만의 의지(吾志) 외에는 결정의 주변에 아무것도 없다. 오직 혼자서 덤비는 이 전선, 얼마나 장엄하고 고요한가. 얼마나 두렵고도 두려운가. 그러나 그는 이렇게 했다.

세계는 변한다. 누구나 인정하면서 누구도 정면으로 응시하려 하지 않는다. 변화가 자신의 일로 다가올 때, 사람들은 피한다. 왜? 쓸쓸해지기 싫어서. 내 계급이 변하고, 내 소신이 밀려나고, 내가 믿는 이념이 흔들릴 때, 그것들을 "모든 것은 변한다"는 원칙 안에다 차마 놓기 싫어한다. 내가 믿는 이념이 30년 전, 40년 전의 것이라 해도, 그것을 믿으면서 어울려 따뜻하게 지냈던 '동지'들을 잃을까 봐 감히 변화를 시도하지 못한다. 공유하는 이념 속에 있던 '우리'로부터 벗어나는 것은 마치 죽음 같다. 그래서 익숙함으로부터 결별하고, 정면으로 그 익숙함에 맞서 갈등 구조를 생산할 수 있는 사람이 귀한 것이다. 영웅이 귀한 이유다.

모든 변화는 갈등의 흐름이다. 간단하다. 이렇게 있던 것이 저렇게 달라지는 것, 이 자리에 있던 것이 저 자리로 가는 것, 이것이 저것으로 달라지는 일을 우리는 변화라고 한다. 달라지는 일이 빚어지는 곳이 '갈등'의 발주처다.

자신의 튼튼한 입지에서 한쪽 발을 뗀 다음 천천히 아직 정해지지 않은 빛을 향해 무게 중심을 이동한다. 친구들 모두 튼튼한 입지에 내린 뿌리를 뽑지 않고 거기서 안정되고 편안하고 따뜻할 때, 봐서는 안 될 것을 본 사람처럼 결정해 버린다. 갈등의 구조 속으로 나는 가자! 혼자여도 가자! 그는 운명처럼 혼자일 수밖에 없다. 친구들이 배신자라고 해도 쓸쓸하게 혼자 떠난다. 영웅은 그래서 외롭다.

십 년이면 강산도 변한다고 한다. 이 말은 철저히 인간 편에서 한 말이다. 그렇지 않다. 강산은 어제도 변했고, 지금도 변하고 있다. 보통의 인간들이 변화를 감지할 수 있는 최소의 시간이 십 년이라는 뜻일 것이다. 어제도 변하고 지금도 변하고 있는 강산을 보통의 인간들은 십 년 정도가 지난 다음에라야 알 수 있다는 뜻이다.

　변화의 가닥을 시시각각 감지할 수 있는 예민한 사람들은 십 년을 기다릴 수 없다. 기어이 그 변화의 가닥 위에 올라타려 한다. 그럴 때는 보통 혼자다. 쓸쓸한 이 모험을 감당할 수밖에 없도록 태어난 자들은 천형을 받은 것처럼 그 부담을 떠안는다.

　혼자이기를 두려워하는 자는 '먼저 온 자'가 될 수 없다. 모든 창조는 이 두려움을 가벼이 건너뛴 사람의 몫이다. 건너뛰면서 스스로를 '갈등 구조' 속으로 귀양 보낸다. 늑대의 털이 아무리 따뜻해도 쓸쓸한 눈빛을 데울 수는 없다. 그러나 이 쓸쓸함은 강요된 것이 아니라 자초한 것이므로 늑대에게는 '힘'이다. 이 '힘'을 가진 자는 따뜻하게 옹기종기 모여 있는 친구들이 알아주지 않아도 서운해 하지 않고, 성큼성큼 나아간다. "사람들이 몰라줘도 화내지 않으면 군자가 아니겠는가!"란 공자의 말이 이런 뜻에서 나오지 않았을까?

　왜 쓸쓸한가? 혼자이기 때문이다. 고독하기 때문이다. 정해진 곳 안에서 '우리'로 지내는 일이 이미 생명의 활기를 놓친 것이라는 것을 안다면, '나'는 그 '우리'를 벗어나 '혼자'가 될 수밖에 없다. 스스로 '고독'을 자초할 수밖에 없다. '변화'를 놓친 맥 빠진 '우리'들을 연민의 정으로 바라보는 따뜻한 자태를 지키면서도, 나는 그저 쓸쓸할 뿐이다. 그래서 장자는 최고의 인격을 이렇게 표현하더라. "봄날처럼 따뜻하면서도, 가을처럼 처연하구나."(凄然似秋, 煖然似春.『장자·대종사**大宗師**』)

사자의 눈을 보자. 늑대보다 더하다.
한없이 쓸쓸한 그 눈빛에 나는
무섬증보다도 사자가 지키는 그 고독의
지경으로 빨려들 것만 같다.
이제 알겠다.
강한 놈일수록 눈빛은
더 쓸쓸하고 처연하구나.
호랑이도 그러하더라.
강한 자의 눈빛은 쓸쓸하다.
쓸쓸한 눈빛은 고독에서 나온다.
고독을 감당하는 놈이라야 강하다.

비틀기와 꼬임

삶의 모든 시도들은 지금보다 더 나아지려는 율동이다. 그러다가 궁극적으로는 완벽에 도달하고자 한다. 완벽함이란 무엇일까? 많은 사람들은 변하지 않고, 흠결이 없으며, 유한에 갇히지 않으며, 치우침이 없는 균질均質의 절대 균형 상태라고 말할 것이다. 플라톤은 이런 세계를 관념의 틀로 구조화하고, 거기에 이데아 Idea라는 이름을 달아 주었다. 그래서 완벽함을 표현하기로는 기하학적 원이 적격이다.

사람들에게 우주는 완벽한 것이다. 따라서 그 완벽을 인식할 수 있는 인간이 사는 지구를 오래전부터 우주의 중심으로 간주했다. 이 단계에서 완벽한 우주의 구성물인 행성들이 원운동을 한다는 것은 누구에게나 진실이었다. 그러나 당시 앞선 지성의 한 명인 케플러는 감춰진 진실을 드러나게 해주었다. 행성은 원운동을 하지 않고 타원운동을 한다. 옛날 일이지만, 원에서 타원으로의 이행은 지성의 진화를 보여준다.

원은 기하학적 관념으로만 존재하는 조작된 진실일 뿐이다. 진실은 원이 아니라 타원이다. 완벽함은 원에 있지 않고 타원에 있다. 왜 그런가? 원에는 아직 도래하지 않은 것이 타원에는 이미 있다. 바로 힘이다. 평면적이고 정지된 지성에게 '힘'은 포착되기 어렵다. 심지어는 힘이 작용하여 동작이 일어나는 활동을 지적인 정련의 모습에서 빼버리기도 한다. 어떤 존재에나 힘이 작용하면 절대 균형이 깨지고 뒤틀림이 가미된다. 타원이 그렇다. 우주의 진실은 힘이 작동하는 타원에 더 잘 살아 있다.

자객이 목표 대상을 기다릴 때는 정지된 상태에서 고요하고 또 고요하다. 숨소리도 절대 균형을 유지하여 진동의 발생을 최소화한다. 자세는 철저하게 부동의 상태에 든다. 그래야 누구에게도 노출되지 않는다. 그러나 갑자기 목표 대상이 시야에 들면 몸은 바로 비틀어진다. 힘을 작동시키는 것이다. 전체적으로 허리를 꼬아서 탄성彈性을 준비한다. 그 탄성이 적중的中이라는 최종적인 완성을 보장할 것이다.

동물들도 균형 잡힌 걸음걸이를 하다가도 먹잇감이 발견되면 즉시 몸을 비틀어 자신의 절대 균형을 스스로 무너뜨린다. 네 발에 주는 힘도 모두 다르다. 역시 탄성을 준비하는 것이다. 그래야 진실한 동작, 즉 힘이 작동하기 때문이다.

동물이든 자객이든 인간이든 삶의 완벽함은 '적중'에서 나온다. 이 '적중'은 몸을 비틀어 꼬임의 상태로 스스로를 몰고 가서 '동작'으로 생산되어야 만날 수 있는 최종 경지다. 움직이는 세계에서 '적중'이라는 완성을 이루려고 한다면, 자신도 진동의 맥을 따라 함께 움직여 주어야 한다. 움직임은 불균형이고 동작이고 힘이다.

인간이 지구라는 이 별에서 존재하는 이유를 아무리 다양하게 설명하고 고차원적인 의미들로 치장하더라도 인간이라는 종으로서 끊어지지 않고 살아남는 것 이상일 수 없다. 인간이 구축한 문명의 근본 동인은 생존으로 압축된다. 인간 활동의 핵심 동인은 생존이다. 문화도, 예술도, 수학도, 문학도, 철학도, 상업도, 종교도, 과학도 심지어는 지루한 방탕까지도 생존 전략의 일환이다.

생존을 도모하는 최초의 활동은 분류로 시작된다. 원초적으로 피아를 구분하고, 먹을 것과 먹지 못할 것을 가르며, 적대적인 것과 우호적인 것을 구별한다. 효율적으로 생존하기 위해서다. 이 구분에 지속성을 부여하여 전승하는 것도 필요해진다. 그래야 본인도 실수를 줄일 수 있을 뿐만 아니라 후대에게도 도움이 된다.

경험을 통제하는 능력이 축적되는 것이다. 이런 일을 우리는 지적 활동이라고 한다. 지적이라는 말은 경험을 통제하는 일관된 형식을 갖췄다는 뜻이다. 그래서 인간의 성숙이라는 것은 결국 지적인 능력의 계발과 연관된다. 지적인 사람이 더 잘 생존할 수 있다. 당연히 인간들 사이에서는 지적인 사람이 더 우월해지기 쉽다.

그런데 또 지적인 사람들 속에서도 상대적으로 더 강한 사람이 있다. 이 사람은 지적인 활동 자체를 확장하여 분류의 틀 사이를 헤집고 다니며 훌쩍훌쩍 건너뛰어 버린다. 다른 사람들이 분류 자체에 머물러 있거나 평면적으로 분류된 내용을 더 많이 쌓으려고만 하는 것과 달리, 더 강한 이 사람은 다르게 분류되어 아무 관계도 없는 이질적인 것들을 서로 연결하여 소통시켜 버린다. 바로 은유다.

이런 시가 있다. "새벽에 너무 어두워 / 밥솥을 열어 봅니다 / 하얀 별들이 밥이 되어 / 으스러져라 껴안고 있습니다 / 별이 쌀이 될 때까지 / 쌀이 밥이 될 때까지 살아야 합니다."(김승희, 「새벽밥」, 『냄비는 둥둥』, 창비, 2006) 아무 상관없이 다른 살림을 살던 '별'과 '밥'이 시인에 의해 서로 통하게 된다. 이것이 은유다. 저 너머에서 초월적으로 빛을 발하기만 하던 별이 새벽에 밥을 챙겨야 하는 이 세상의 신산한 삶 속으로 끼어든다. 속세의 밥은 저 너머의 별에 접속한다. 결국 으스러져라 껴안으면서 '별'은 '밥'으로, '밥'은 '별'로 의미가 확장된다. 인간에게 의미의 확장은 통제 영역의 확장이다. 어떤 인간은 은유를 통해서 세계를 넓혀간다. 세계를 넓혀 주는 자가 바로 지배자 아니겠는가.

은유는 비틀기다. '밥'은 '별' 앞에서 자신의 원래 정체성이 뒤틀리고, '별'은 '밥'을 맞이하려 스스로를 비틀어 놓는다. 뒤틀린 틈새를 허용하고 또 끼어들어 둘은 상대방을 의지하며 새로 태어난다. 꼬인 것이다. 이 세계에 아직 없던 새로운 진실, 즉 시가 탄생했다. 이렇게 꼬아가면서 우리는 영토를 확장해 나간다. DNA 이중나선의 꼬임으로 인류의 유전 정보가 확산된다는 왓슨과 크릭의 말이나, 세계는 대립된 두 가닥이 새끼줄같이 꼬여서 계속 변화 발전한다는 노자의 말도 다 여기에 닿아 있다.

힘이 작동하는 비틀기로 꼬인 세계, 이것이 진실이다. 진실한 자는 평면적으로 풀어지지 않는다. 전혀 관계없었던 무엇과 꼬이고 또 꼬이며 식민지를 넓혀 확장하고 또 확장해 나간다. 힘찬 모습이다.

약 오르면 진다

어릴 적에 보았던 연속극의 한 대목이 지금까지 기억난다. 어떤 큰 부자가 집사에게 큰일을 해결하고 오라고 파견하면서 한 말이다.

"약 오르면 진다."

심리적으로 동요하면 이길 수 없다는 뜻이다. 동요는 상황이 자기 뜻대로 돌아가지 않아서 생긴다. 그런데 상황은 언제나 복잡 미묘하고, 자기 뜻은 자신에게 항상 분명하다. 분명한 것과 복잡 미묘한 것이 정면 대결을 펼치면 어떻게 될까. 복잡 미묘한 것은 언제나 변통 무궁하여 칼끝의 방향과 모양이 잘 드러나지 않는다. 당연히 분명하게 드러난 것이 진다.

복잡하고 다양한 상황을 품고 있는 가장 큰 그릇이 나라다.

그래서 노자는 나라를 알기 어려운 신기한 그릇(神器)이라고 표현한 후, 하나의 기준을 가지고 스스로 분명함에 빠지면 신기한 그릇을 다루는 일에서 쉽게 패배한다고 강조한다.

복잡 미묘한 상황을 제대로 다루기 어렵게 만드는 것이 바로 자신의 행위를 지배하는 기준이나 신념 등과 같이 '확고한 마음'이다. '확고한 마음'을 가진 사람은 스스로 분명하고 명료해지는데, 그것이 분명할수록 판단은 날렵하고 예리하며 전체적으로 성급해진다. 진위나 선악에 대한 판단도 모두 거기에 의존한다.

문제는 선악 판단이 명료해지면서 이것이 도덕적 우월감을 갖게 한다는 점이다. 일은 적을 하나 줄이고, 친구를 하나 늘리면서 해나가면 성공한다. 하지만 도덕적 우월감을 갖는 순간, 친구가 하나 줄고 적이 하나 늘기 쉽다. '확고한 마음'은 팽창력보다 수축력이 강한 탓이다. 따라서 미래적이기 어렵고 과거적이기 쉽다.

도덕적 우월감은 자신이 조작한 것이다. '확고한 마음'도 조작물이다. 조작물에 의해 자신이 지배된다면, 자신이 자신으로 존재하는 처지라고 할 수 없다. 자신은 조작물의 대행자로 존재할 뿐이다. 자신이 자신으로 존재하지 못하고, 조작물의 수행자나 대행자로 존재하며 분열되어 있으면 진실하기가 어렵다. 자신의 삶을 살지 못하고, 쉽게 자기 밖의 무슨 물건이나 자기 밖의 다른 사람과 비교하여 자신을 정당화하곤 한다.

어떤 학생이 시험 중에 부정행위를 하다 적발되었다. 진실하게 존재하는 학생이라면 바로 자신의 잘못을 인정하고 반성할 것이다. 잘못을 자신이 온전하게 감당하는 것이다. 이와 달리 대행자로 존재하며 스스로 분열되어 있으면 자신의 잘못을 쉽게 인정하지 않는다. 오히려 다른 사람도 그랬는데, 왜 자기만 잡느냐고 항변할 것이다. 자신의 잘못을 온전히 자기의 것으로 삼는 데서부터 진실은 힘을 얻는다. 다른 사람과의 비교를 통해 자신을 정당화하는 한, 진실은 흔들린다. 남보다 좀 더 나은 것이 핵심은 아니다. 내가 나에게 자랑스러운가가 진짜 핵심이다.

'확고한 마음'으로 무장하여 뿌리를 깊이 내린 채 사는 사람들은 자신이 자신으로 존재하지 않기 때문에, 자신을 자신이게 하는 궁금증이나 호기심이 발동되는 질문에 취약하고 대신 다른 사람들이 만든 지식이나 이론을 배달하는 대답에 익숙하다. 대답이 기능하는 곳에서는 원래 모습 그대로 뱉어내느냐의 여부가 승패를 가르는 중요한 요소다.

그런데 '원래 모습'은 시제가 과거형이고 굳건한 기준이다. 이 기준에 맞으면 참이고 맞지 않으면 거짓이 된다. 당연히 대답이 팽배한 사회에서는 그 사회의 논쟁 대부분이 과거 논쟁과 진위 논쟁으로 채워진다. 이미 있는 문제를 다루는 데에 빠져 있으면서 세계 변화에 맞는 새롭고 적실한 문제를 창출하는 일에 취약해진다. 가공에 강하고 창의에 약해진다. '확고한 마음'이 진정성과 도덕성의 외투를 입고 있음에도 문제가 되는 점은 바로 이것이다. 미래적이기 어려워진다는 것이다.

인간으로 성숙해 가려는 수양은 모두 다 '확고한 마음'을 줄이거나 소멸시키는 것에 초점을 맞춘다. '무념무상'이니 '무아'니 '관조'니 '무소유'니 하는 것들이 다 그렇다.

  '확고한 마음'이 사라지면 폐쇄적인 틀도 함께 사라져서 자신이 온전한 자신으로 드러나고, 그렇게 되어야 세계를 보고 싶거나 봐야 하는 대로 보지 않고, 보이는 그대로 볼 수 있다. 결국 세계를 수용하는 능력이 커지는 것이다. 세계를 수용하는 능력이 힘의 크기를 결정한다. 그래야 '약 오르다 지는 일'을 피할 수 있다.

'읽기'와 '쓰기', 그 부단한 들락거림

    2013년 10월 8일 경기도 화성 정남의 문학리 야산 등허리에 비가 내리고 있다. 가을빛 차지하려는 잎새들의 노고에 짐이 되지 않도록 매우 조심스럽다. 이곳저곳 형편 봐가며 내리다가 빗물 자리가 듬성듬성해졌다. 아주 먼 하늘에서부터 수용해 버린 중력에 몸을 내맡겨 버렸으니 직선으로 꽂혀야 마땅하나, 오는 동안 그새 깨달음이 컸던 모양이다. 흔들리기도 하고, 비키기도 하고, 속도를 줄이기도 하고, 지상의 형편 잘 살펴 옆으로 피할 줄도 알게 되었다. 그런 성숙한 비가 내리고 있다. 그 성숙은 아마도 자기가 받아들여질 대지를 매우 자세히 읽은 결과로 빚어졌을 것이다.

    빗방울은 그 이름을 받는 순간 낙하의 운명을 실현한다. 빗방울이 낙하하며 겪는 속도는 그가 세상을 읽는 속도와 맞먹는다. 낙하는 빗방울에게 하나의 '읽기'다. 낙하하며 겪는 공기의 저항과 질감뿐만 아니라 상하좌우로 부는 바람들도 '읽기'가 벌어지는 환경이자 조건이다.

빗방울은 운명처럼 대지의 어느 한쪽을 지정받아 송곳처럼 꽂히며 자신의 시선을 대지의 다양한 모습들에 구겨 넣는다. 왜 하필 그 자리일까? 이것은 영원한 수수께끼로 남겨두자. 어차피 비율에 딱 맞는 설명법으로는 해결이 안 될 문제다. 우리가 어느 비 오는 날 오후 무료함을 달래기 위해 어느 책을 손에 넣는 것도 같은 이치 아니겠는가.

해석되지 않는 자리를 지정받아 빗방울은 이제 대지의 초대에 겸허히 응한다. 대지가 만든 길을 따라 흐르고 흐르며, 대지가 하는 이야기를 듣는다. 넓게 파인 물길에서는 천천히 흘러 주고, 좁게 파인 내리막길은 급히 내려 준다. 호박 밭에서는 호박의 말을 듣고, 오이 밭에서는 오이처럼 행동한다.

그런데, 그런데 말이다. 아무리 대지의 초대에 공손하고도 정중하게 응한다 해도 어느 순간이 되면, 나라면 어떠했을까 하는 반성의 시간을 만나게 된다. 대지가 만든 길이 막히는 경우를 만나게 된다. 이것도 참 운명 같은 일이다. 어느 순간이라고 정할 수는 없어도, 반드시 그런 순간을 만나는 것만큼만은 사실이다. 이때 빗방울은 대지의 손님으로 있으면서 갑자기 자기 자신을 대면하게 된다.

이제 집주인에게 손님이었던 자기가 스스로에게는 주인이 되어 버린다. 자기 자신에게 있는 고유한 무게와 중력을 타고 자신의 운동을 스스로 생산한다. 새로운 물길을 만드는 것이다. 이제 이 빗방울은 자신의 길을 따라 어느 옥수수뿌리를 만나게 될 것이다. 거기로 스며들 것이다. 옥수수 한 방울 안으로 스며들어 빗방울은 새로운 존재가 된다. 자기가 우주의 영역으로 확장되는 일이 찰나에 일어나 버렸다. 이제 빗방울은 자신의 활동을 '쓰기'의 맥락으로 전환시켰다.

우리는 끊임없이 읽는다. 책을 읽지 않더라도 마주치는 모든 사건과 세계를 읽고 또 읽는다. 산다는 것은 그래서 '읽기'다. '읽기'의 원초적 동인은 무엇인가? 바로 지루함이다. 건조함이다. 쾌락과 즐거움을 원하기 때문이다. 건조한 대지 위에 비가 내리려는 것과 같다. 그래서 '읽기'는 일상의 여러 편린들 가운데 그저 그런 또 하나에 머무르지 않고, 바로 존재론적 의미를 가져 버리는 것이다. 읽으려는 의지가 없는 사람은 쾌락을 원하지도 않고 심심함을 자각하지도 못한다. 자신의 존재가 자신에게서 확인되지 않으니, 살아 있는 사람이 아니다. 지루하거나 심심하다고 느끼는 마음의 그 자리가 바로 자기 존재의 터전이다.

살아 있는 사람은 읽기를 한다. 이는 다른 (사람의) 세계로 초대받는 일이다. 지루함을 시시각각 자각하는 힘이 있는 사람은 자기 자신만의 생명력을 잘 지키고 있다. 이런 사람은 자신의 뿌리가 튼튼하여 열등감에 사로잡히지 않기 때문에 이것저것 자

잘하게 따지지 않고 그 초대에 기꺼이 응한다. 초대에 응하여 초대자의 이야기에 조용히 귀를 기울인다. 귀 기울이기가 무르익을 때쯤, 그래서 초대자가 닦아 놓은 길들이 편안해질 때쯤, 그 길 위에서 오히려 자신을 만나는 일을 경험한다. '읽기'는 결국 자기 자신을 만나는 일로 매우 성숙해진다. 읽는 일을 통해서 우리는 초대자와 대화를 하고, 대화를 하고 있는 자신을 발견한다. 초대자의 안내로 그가 준비해 놓은 길을 걷다가 어느 순간 자신의 길을 찾게 되는 극적인 소득, 이것이 '읽기'의 소명이다.

읽다가 자신을 대면하면 이제 자신의 길을 도모하게 되리라. 읽기로 찾아진 자기 자신의 생명력이 확장의 욕구를 표현하는 형국이다. 수용의 형식에서 발산의 형식으로 전환되는 이 과정은 읽기가 매우 성숙해질 때쯤 형성되는데, 그 발산의 형식을 우리는 초점을 좁혀 총체적으로 '쓰기'라고 말할 수 있겠다. '읽기'는 수용이고, '쓰기'는 발산이자 표현이다. 이 극적인 일은 '자기 자신'에게서 이루어진다.

여기서 주의하자. 우리가 읽는 그 무엇은 다른 사람이 써 놓은 것이다. 나의 '읽기'는 타인의 '쓰기'다. 이런 의미에서 '읽기'에는 '쓰기'가 '흔적'으로 새겨져 있는 것이다. '읽기'가 '읽기'만으로 있고, '쓰기'가 쓰기만으로 있지 않다. 어디 '읽기'와 '쓰기'만 그러하겠는가. 모든 일이 그러하다. '쓰기'와 '읽기'는 다른 두 사건이 아니라 기실은 하나의 사건이자 하나의 동작이다. 동시적 사건의 다른 두 얼굴일 뿐이다.

이렇게 본다면, '읽기'의 과정에는 반드시 '쓰기'의 활동이 예정되어 있어야 한다. 들어오는 일은 나가기 위해서고, 나가는 일은 들어오기 위해서다. 들어오기만 하고 나가지를 못하거나, 나갔다가 돌아오지를 못한다면 '생명'으로 승화될 수 없다. '생명'력이 넘실대는 주체가 되지 못하고, 한편에 말뚝처럼 서 있을 수밖에 없다. 성장이나 변화는 바라지도 못한다. 생명력이 있는 살아 있는 주체는 들어오기만 하거나 나가기만 하지 않고 부단히 들락거릴 수 있다. 들락거리면서라야 주체는 무럭무럭 자란다.

'읽기'와 '쓰기'는 하나의 활동이다. '쓰기'의 활동이 예정되어야 '읽기'는 비로소 살아 있는 사람의 것이 된다. 옥수수의 생명이 되었던 물방울이 긴 여정 후에 승천하여 다시 지상에 강림하듯이 하강과 상승을 하나의 사건으로 품은 물방울만이 비로소 생명이 되는 것과 같다.

'읽기'와 '쓰기'를 하나의 활동으로 내장할 수 있는 주체를 우리는 비로소 독립적 주체라고 말한다. 독립적 주체는 '읽기'를 사명감으로 하거나 기억하기 위해서 하지 않고, 우선 재미로 혹은 심심풀이로 하기 시작할 것이다. 주장하기 위해서 읽지 않고, 이야기하기 위해서 읽을 것이다.

빗
방울은 그 이
름을 받는 순간 낙하
의 운명을 실현한다. 빗방
울이 낙하하며 겪는 속도는 그
가 세상을 읽는 속도와 맞먹는다.
낙하는 빗방울에게 하나의 '읽기'다.
낙하하며 겪는 공기의 저항과 질감뿐만
아니라 상하좌우로 부는 바람들도 '읽기'
가 벌어지는 환경이자 조건이다. 빗방울은
운명처럼 대지의 어느 한쪽을 지정받아 송
곳처럼 꽂히며 자신의 시선을 대지의 다양
한 모습들에 구겨 넣는다.

심심하기 때문에

때때로 내 이름을 '참 진眞'에 '돌 석石'이라고 소개하기도 한다. '진짜 돌'이다. 그 이름처럼, 학창 시절 어느 순간부터 나는 학습에 그리 흥미를 느끼지도 못했고 특출 나지도 못했다. 그리 영리한 사람은 아닌 것 같다. 게다가 하기 싫은 일을 참고 견디는 일에 젬병이다. 대학도 재수해서 들어갔다. 명색이 교수니까 뭔가 많이 알 거라고 우호적으로 생각해 주는 이들이 많은데, 나는 읽어야 할 것만 딱 읽을 뿐 여러 책을 많이 읽는 편이 아니다. 그래도 직업이 교수다 보니, 뭔가를 읽는 게 습관처럼 붙어 있긴 하다.

학부에서 철학을 공부하면서는 서양 철학을 전공할 요량이었다. 당시에는 '철학'이라고 하면 대부분이 서양 철학을 떠올리던 시절이었고, 다른 학교들처럼 우리 학교도 서양 철학이 위주였다.

사실 이런 경향은 지금도 여전하다. 이런 분위기 때문이었겠지만, 나도 당연히 공부를 계속한다면 서양 철학을 공부해야 하는 것으로 받아들이고 있었던 듯하다. 그래서 독일어 학원 새벽반을 2년 정도 다니면서 독일로 유학 갈 준비를 비밀스럽고도 차분히 하고 있었다. 그때 내게는 독일 철학자 칸트가 참 멋있어 보였다.

좁고 눅눅했던 반지하 자취방에 앉아 칸트와 그 주변의 철학자들을 힘겹게 읽어 나갔다. 계속하여 긴 시간을 앉아 있는 내공은 아직 못 익혔지만, 그래도 성실해 보려고 무던히 애를 쓰기는 했다. 미간을 잔뜩 찌푸리면서 책에 얼굴을 묻은 상태에서도 일어나려고 발버둥 치던 엉덩이를 내리누르던 전투는 좁은 방을 더욱 좁게 느끼게 했다. 낮은 천장은 더욱 낮고 무거워졌다. 뭔가 발견하려고, 뭔가 알아들으려고 무던히도 심각했었던 것 같다. 지금 내 미간에 문신처럼 새겨진 '내 천川' 자는 아마 그때 자리를 잡기 시작했을 것이다.

어느 날이었다. 반지하 자취방이 더욱 눅눅하게 느껴지고 천장이 더욱 낮게 내려앉을 때 칸트는 나를 힘들게 했다. 독일어도 점점 더 오리무중이었다. 깊이 고민하지도 않았던 학비 문제며 생활비 문제도 괜히 더욱 무거워지고, 연락이 뜸한 친구가 갑자기 더 걱정이 되었다. 이럴 때는 만사 제쳐 놓고 뒤로 벌렁 나자빠져 버리는 게 상책이다. 방바닥에 누워 그냥 빈둥댔다. 가끔 자세만 바꿔 가며 나는 가장 무기력한 모습으로 누워 있었다. 그렇게 아무 생각도 없이 방바닥에 납작하게 펼쳐져 있던 내 눈에 책한 권이 들어왔다. 책꽂이 제일 아랫단에 먼지를 뒤집어쓰고 있던 그 책에는 '장자'라는 문패가 달려 있었다.

나는 기운 빠진 낙지처럼 흐느적거리는 팔을 뻗어 가장 무료한 표정으로 그 책을 내 쪽으로 당겼다. 그러고는 손가락 끝을 낙지 빨판처럼 쓰면서 한 장 한 장 넘겨 보았다. 어떤 내용인지는 기억나지 않는다. 마치 사람이 사라진 동네의 버스 정류장 간이 의자에 앉는 것처럼 어떤 대목에 눈동자를 풀썩 내려놓았다. 그 정류장에 서서 전혀 기대하지도 않았던 버스가, 그것도 신형 새 버스가 갑자기 나타난다면 기분이 어떨까? '장자'라는 문패를 열고 들어가 한 대목을 맛보면서 나는 이런 기분이 들었다. 책상에 반듯이 앉아 머리를 쥐어짜며 골똘히 칸트를 읽으면서는 느낄 수 없었던 감흥이 일었다. 그냥 아무런 긴장감도 없이 누워서 한쪽 눈을 감고 읽어도 머리에 쏙쏙 들어오는 게 아닌가. 재밌었다.

봐야 될 것을 보는 것과 보고 싶은 것을 보는 것의 차이다. 계속 공부를 해야 한다면 평생 미간을 찌푸리면서 살 수 있겠는가, 이처럼 버겁게 공부를 해야 하겠는가, 그런 생각이 들었다. 그래서 이건 내가 못하는 일인가 보다 하고 냉큼 포기했다. 그리고 나는 전공을 바꿨다.

내가 읽어서 힘이 안 드는 것, 읽어서 재미있는 것, 읽어서 편하게 나한테 들어오는 것, 이것을 평생 읽으며 살자, 그렇게 해서 전공을 동양 철학으로 바꿨다. 나에게 재밌는 철학자는 이제 중국의 장자가 되었다. 그렇게 중국 철학을 시작했고, 박사학위 논문도 당나라 시기 장자 해석을 연구했다. 나에게 즐거움을 주었던 책, 그것이 나의 학문이 되었고, 나의 직업이 되었으며, 평생 내 사유의 원천 가운데 하나가 되었다.

우리는 왜 공부를 하는가. 왜 책을 읽는가. 뭔가 진리를 찾으려고, 당장 필요한 문제를 해결하려고, 남보다 잘난 사람이 되고 싶어서 등등 저마다 다양한 까닭이 있을 것이다. 내 원초적인 답은 간단하다. 심심해서다. 그러니까, 가장 밑바탕에 있는, 가장 원초적인 이유는 심심함 때문이다. 지루하지 않기 위해서다. 재미를 찾기 위해서다. 좋아하는 어떤 것에 자신을 맡기기 위해서다. 재미를 찾으려는 갈망에서 모든 탁월함은 비로소 싹을 틔운다. 우리가 좋은 일보다는 좋아하는 일을 해야 하는 이유다.

심심함은 무엇일까. 그것은 마음의 상태다. 그런데 우리가 무엇을 읽거나 공부를 하거나 돈을 벌거나 할 때 심심함이나 지루함을 느끼고 재미를 찾기 위해서 하지 않으면 그 행위가 처리해야 할 하나의 일이 되어 버린다. 일이 되어 버리면, 그 대상과 행위의 주체는 서로 쉽게 적대관계에 놓인다.

재미를 느껴서 하다가 어느 단계가 되면 또 재미없어지는 경우도 있다. 재미를 느끼게 해주는 그 일을 하면서 자신도 모르는 순간 자신이 그 일의 크기보다 훨씬 커져 버리면, 이제 더 이상 예전 같은 재미를 느끼지 못할 수 있다. 심심해져 버리는 것이다. 그러면 또 재미를 느끼게 해줬던 일마저도 처리해야 할 하나의 일이 되어 버리기도 한다. 그러면서 그 일이 적대적으로 다가

올 수도 있다.

재미가 심심함으로 바뀌면서 우리는 그 심심함을 또 재미로 바꾸려 노력할 것이다. 이러면서 인간은 성장한다. 재밌었던 일이 심심해지고 또 그 심심함을 해결하기 위해 또 다른 일을 찾거나 하던 일의 성격을 조정해 본다. 아주 크고 중요해 보이던 일이 작고 사소해 보이면 우리는 그 일을 떠날 수 있다. 크고 중요하던 일을 떠날 정도로 함량이 큰 사람에게는 다른 더 큰일이 준비되어 있다. 이러면서 인간은 점점 더 커진다.

나는 지금까지 인류가 낳은 가장 훌륭한 두 명의 철학자로 니체와 장자를 꼽는다. 그런데 어쩔 수 없이 한 명만 골라야 한다면, 주저 없이 장자라 말하겠다. 그런 장자를 피곤한 줄도 모르고 잠도 잊은 채 일주일 만에 다 읽어 버렸다. 그러고는 '아! 이거다, 이걸 공부해야겠다!'라는 생각이 든 것이다.

그런데 장자에 관해서 논문을 쓰려고 마음먹으니까, 갑자기 장자가 나에게 사나운 얼굴로 돌변하는 게 아닌가. 장자 이야기만 들어도 지겨울 때가 있었다. 장자를 통해 무언가를 찾으려 하고, 무언가를 이뤄 내려고 했으니 말이다. 장자가 갑자기 내가 처리해야 할 대상으로 자리 잡은 것이다. 그렇게 장자와 10년가량을 적대관계로 지냈다.

송나라의 철학자 장횡거張橫渠는 이렇게 말한다. 책을 읽음으로써 우리는 유지차심維持此心, 즉 내 마음을 유지한다. 내 마음을 지킨다고 말이다. 책 읽는 습관을 통해서 유지하는 것, 지키는 것이 무엇이냐면 다른 것이 아니라 바로 내 마음이라는 얘기다.

심심하다, 즐겁고 싶다, 이런 것들은 내 마음의 활동이다. 그런데 거기서 어떤 진리를 찾으려 하거나, 위대한 무엇인가를 발견하려 하는 순간 그 책은 자신에게 하나의 억압이 될 수 있다. 책을 읽으면서 그 안에서 무엇인가 진리를 찾으려고 하는 순간 책은 지배자가 되어 버린다. 읽는 사람은 왜소해진다. 물론 이를 겸손하다고 말할 수도 있다. 그렇지만 이때 내 마음은 주인 자리를 잃고 책한테 그 자리를 넘겨줄 수도 있다.

요즘 장자를 다시 읽기 시작했다. 최대한 장자에게 이야기를 듣는다는 기분으로, 장자를 이야기꾼이라고 생각하면서 읽는다. 어떤 진리를 발견하려고도 하지 않고, 뭔가를 써먹어 보려고도 하지 않고, 그냥 읽는다. 단지 내가 재미있고, 지루하지 않으려고 읽을 뿐이며, 그런 읽기 자세를 잘 지키려고 애쓰고 있다. 그러면, 내 마음에 어떤 무엇인가가 피어나리라. 그것이 바로 내가 장자와 함께 피워 내는 꽃이며, 새로운 빛이 될 수 있다.

진리는 이렇게 드러나는 것이지, 발견하는 것은 아니다. 심심함을 벗어나려고 찾은 것이 즐거운 일이 되는데, 그 즐겁게 하는 일 혹은 좋아서 하는 일이 모든 탁월함의 원천이다. 생활 속에서 심심함을 느낄 정도의 리듬을 유지하는 일이 그래서 중요하다. 심심할 시간이 없는 요즘 젊은이들이 안타깝다. 인간이 지루함을 경험하지 못한다면 얼마나 비극적인가. 오늘, 다시금 장자를 읽는다. 심심하기 때문에.

나를 만나는 일

독서를 논할 때 대개는 굉장히 분석적인 품평을 한다. 물론 그 바탕에는 이성이 자리한다. 내 생각은 조금 다르다. 공부 또는 독서를 할 때 이성보다는 감성을 강조하고 싶다. 이성은 우리 모두의 것이지만 감성 또는 마음은 나의 것이다. 공부를 하거나 책을 읽거나 일을 할 때 느끼는 재미는 오직 나에게만 있는 고유한 반응이다. 모든 활동의 궁극적인 결론은 나를 발견하는 일, 나를 만나는 일이다.

『장자』의 「천도天道」편에 윤편輪扁과 환공桓公의 이야기가 나온다. 윤편은 수레바퀴를 깎는 장인이고, 환공은 제나라의 왕이다. 마당에서 수레바퀴를 깎던 윤편이 책을 읽고 있는 환공에게 묻는다.

"무엇을 하고 있습니까?"

"책을 읽고 있다."

"그 책은 누가 썼습니까?"

"성인이 썼다."

"성인들은 살아 있습니까?"

"죽었다."

"그럼 왕께서는 성인들의 찌꺼기를 읽고 계시군요."

환공은 아주 위대한 책으로 여기며 열심히 읽었는데, 수레바퀴나 깎는 미천한 자가 그렇게 말하는 것에 화가 났다.

"감히 네 따위가 성인의 글을 평하다니, 그게 무슨 말이냐? 그 까닭을 온당하게 말하면 살려 줄 것이고 그러지 못하면 목을 베어 버리겠다."

윤편은 말한다.

"제가 수레바퀴 깎는 일만 해온 사람이니까 이 일을 하면서 얻은 경험으로만 말씀드리겠습니다. 수레바퀴를 너무 느슨하게 천천히 깎으면 수레바퀴가 헐거워서 문제가 있습니다. 그런데 수레바퀴를 너무 급하게 빡빡하게 깎으면 수레바퀴가 뻑뻑해서 문제가 있습니다. 급하지도 않고 느슨하지도 않게 깎아야 하는데, 제대로 깎는 일은 제가 손으로 익혀서 마음에 담아 놓은 것입니다. 이것은 제 자식에게도 잘 전해지지가 않습니다. 왜냐하면 손으로 경험해서 얻은 이것은 마음에 담겨 있는 것이기 때문에 말로는 표현되지 않습니다. 그래서 자식들에게 이것을 알려 주려고 해도 전할 길이 없습니다."

제 환공이 아무리 성인의 이야기를 읽는다고 해도 이야기 속의 뜻을 그대로 이해하기는 어렵고, 또 언어를 통한 소통과 전달은 근본적으로 한계가 있다는 것이다.

우리가 독서나 공부 같은 간접 경험을 통해서 알 수 있는 것은 제한적일 수밖에 없다. 글이라는 것이 결국 쓰는 사람이 읽는 사람을 자신의 세계로 초대하는 것이라고 한다면, 우리는 한계를 받아들여야 한다. 그것이 손님의 태도다. 그러고 나서 자신의 것이 나와야 마땅하다. 저자가 초대한 세계로 다녀온 뒤에는 내 길을 찾는 것이다.

듣는 것도 읽는 것과 마찬가지다. 다른 사람과 대화할 때 그 사람의 말의 느낌과 뉘앙스 그대로를 받아들일 수 있다고 생각하는가? 불가능한 일이다. 그것은 윤편이 수레바퀴 깎는 기술을 아들한테 전해 주지 못하는 것과 같다.

듣는다는 것, 대화를 한다는 것은 무엇인가? 대화는 상대방을 이해하는 일일뿐더러 상대방의 생각을 알아듣는 일이기도 하다. 그런데 상대방의 생각을 알아듣고 이해하는 그 일은 누구한테 일어나는가? 중요한 건 그 일이 나한테 일어나는 나의 일이라는 것이다. 게다가 이 일을 통해 결국 해야 하는 일은 무엇인가? 나를 찾는 일이다. 누군가를 만나는 일, 심지어 신을 만나는 일도 결국엔 나를 찾는 일이다. 나를 찾는 일로서의 읽기와 듣기, 이때 가장 중요한 것은 마음이다.

주말이면 산행에 나서는 사람들이 많다. 산에 가는 일을 정말 즐거워하고 자주 산을 찾는 '산사람'들을 가까이서 보면 뭔가 다른 풍모를 띤다. 산사람들이 산을 오르는 일은 자기를 만나는 일이다. 자기가 준비되어 있지 않고 자기 마음이 부산스러우면 아무리 긴 산행이어도 산을 보지 못하고 풀 한 포기 제대로 볼 수 없다. 사람을 만날 때도 자기 마음이 안정되어 있지 않으면 내 앞에 서 있는 사람의 어떤 모습도 눈에 들어오지 않는다. 책을 읽어도 자기 마음이 안정되어 있지 않으면 그 책이, 그 저자가 하는 이야기가 전혀 마음에 들어오지 않는다.

읽기를 통해 저자의 세계로 초대 받아서 저자와 저자의 세계를 탐구하지만, 이 초대의 궁극적인 방향과 목적은 저자와 대화하는 일이고 그러면서 동시에 저자와 대화하고 있는 자기를 만나는 일이다. 읽는 일 자체가 우리가 해야 하는 일의 전부는 아니다. 책을 읽으면서 자기를 만날 수 있는 가능성을 열어야 하고, 그 다음에는 바로 자신을 표현해야 한다. 읽기와 쓰기에 순서가 있는 것이 아니라 사실은 동시적으로 일어나야 하는 일이다.

저마다 읽고 듣는 목적은 다르겠지만, 읽기와 듣기는 결국 쓰기와 말하기를 향한다. 읽는 일은 다른 사람이 쓴 것을 만나는 일이기 때문에 읽기는 사실 쓰기와 중첩되어 있다. 읽는 행위 속에는 쓰는 행위가 흔적으로 남아 있다. 활자에는 그 사람이 쓰는 행위가 담겨 있다. 읽는 행위는 쓰는 행위를 맞이하는 일이다. 이처럼 읽기와 쓰기는 항상 같은 교차로에 서 있다.

듣는 일을 통해서 자기를 발견하고 자기를 만날 수 있다. 읽고 듣는 행위 그 자체가 상대방과 내가 서로 소통하는 것이고 그 소통의 주체는 자신이다. 자기의 마음을 읽고, 자기의 목소리를 듣고, 자기를 만나는 것이다. 서로 관계적 구조 속에 있다. 읽는 것은 쓰기가 있기 때문이고, 듣는 것은 말하기가 있기 때문인 것이다. 그 반대도 마찬가지다.

그러면, 쓴다는 것은 무엇인가. 말한다는 것은 또 무엇인가. 단순히 표현하자면, 쓰는 것은 표면에 뭔가를 새긴다는 것이요 말한다는 것은 소리를 내는 것이지만, 이 행위들은 자기 존재의 확인이요 자기 존재의 확장이다. 말하고 쓰는 행위는, 읽고 듣는 행위를 통해서 만들어진 자아가 동력을 받아서 또는 충격을 받아서 확장되는 일이다. 그래서 읽기는 결국 쓰기로 완성된다. 듣기 또한 말하기로 완성된다.

우리는 읽는 행위를 통해서 수없이 많은 지식을 쌓고, 읽는 행위를 통해서 수없이 많은 저자와 만난다. 그런데 책에 담긴 내용이 나에게 아무런 영향을 미치지 못하는 경우가 적지 않다. 창의성에 관한 책을 읽고서 내가 창의적인 사람이 되었는가, 상상력에 관한 책을 읽고서 상상력이 풍부해졌는가, 자유에 관한 책을 읽고서 정말 자유로워졌는가, 무소유에 관한 책을 읽고서 한순간이라도 무소유를 실천했는가, 평화에 관한 책을 읽고서 평화로워졌는가. 다른 이들은 어떨지 모르겠으나 적어도 나에게는 상당히 어려운 일이었다.

그럼, 왜 자유와 평화에 관한 책을 읽고도 자유롭고 평화로워지지 않는가. 책을 내가 읽지 않았기 때문이다. 그렇다면 도대체 누가 읽었단 말인가. 내가 나라고 착각하는 어떤 유형의 다른 존재가 읽은 것이다.

인간은 언어를 사용하여 개념 세계를 구축한다. 문제는 자신이 구축한 개념 세계를 숭배하다가 제조자인 자기가 오히려 피지배자로 전락하곤 한다는 것이다. 개념은 보편적이고 객관적이라는 권위를 갖기가 쉬운데, 그 권위를 타고 무한 상승하여 윗자리를 차지하곤 하기 때문이다. 그 상승을 부추기는 힘을 원심력이라 말하자. 그래서 지식은 항상 무한 분화한다.

상상해 보자. 여기 '나'라는 별이 있다. 이 별의 고유성은 나의 중력을 형성한다. 고유성은 나의 몸에 있고 나의 마음에 있다. 그런데 개념이나 가치는 내가 만든 것이 아니다. 다른 별에서 나온 빛이고, 외부에서 끊임없이 나를 잡아당기는 원심력 같은 것이다. 외부는 부모일 수도 있고 친구일 수도 있고 사회일 수도 있고 이념일 수도 있고 신념일 수도 있고 국가일 수도 있다. 책이나 지식도 외부 존재일 뿐이다.

나의 몸과 마음은 중력을 지키려고 애를 쓰지만, 원심력을 가진 개념과 가치는 나를 어떻게든 나에게서 떨어뜨려 놓으려 한다. 지식이 쌓이고 독서량이 늘어날수록 자칫하면 이 분리 현상이 더 커질 수 있다. 그럼 더 이상 내 몸과 내 마음에서 일어나는 일과 나의 머리가 생각하는 일은 하나가 아니게 된다. 나는 중력 없는 별, 스스로 빛을 내지 못하는 메마른 행성으로 전락한다.

  그래서 윤편은 손으로 다룬 일이 마음에 있다고 했고, 장횡거는 책을 읽음으로써 내 마음을 지킨다고 한 것이다. 내 마음이 지켜지지 않는 독서와 내 몸이 지켜지지 않는 읽기, 다른 말로 하면 내가 작동되지 않는 지식은 항상 나를 배신한다. 나의 재미를 만들어 주지 않는다. 그것을 보면서 감탄하고 수긍할 수는 있겠지만, 거기까지일 뿐이다. 진정으로 즐길 수는 없다.

  책을 읽는 일에서는 감탄과 수긍도 있어야 하지만, 더 중요하게는 쾌락이 드러나야 한다. 쾌락은 내 마음이 공감을 경험한 후에 밑바닥에서부터 가장 높은 곳까지의 공간 안에서 일으키는 큰 진동이다. 읽기를 통해서 지향해야 할 바가 바로 이것이다. 이 쾌락을 거쳐서 자기가 재발견되고, 재발견된 자기가 쓰기로 확장된다. 자기가 '운동', 즉 움직임을 회복하는 것이다. 궁극적으로는 자기 스스로 변화를 경험한다. 이 변화는 나에게 구체적인 행복, 구체적인 자유, 구체적인 생기를 선사할 것이다. 또한 나에게 겸손과 아량, 평화와 유대를 안겨 주며, 결국 자기가 살아 있음을 느끼게 해줄 것이다.

나의 몸과 마음은
중력을 지키려고 애를 쓰지만,
원심력을 가진 개념과 가치는
나를 어떻게든 나에게서 떨어뜨려 놓으려 한다.
지식이 쌓이고 독서량이 늘어날수록
자칫하면 이 분리 현상이 더 커질 수 있다.
그럼 더 이상 내 몸과 내 마음에서
일어나는 일과 나의 머리가 생각하는 일은
하나가 아니게 된다.
나는 중력 없는 별,
스스로 빛을 내지 못하는
메마른 행성으로 전락한다.

경계에 선 불안을 견딜 수 있는가

스틱스Styx라는 단어를 처음 접한 것은 아마 고등학교 시절 어느 날, 〈Boat on the River〉라는 미국 노래를 듣고서일 것이다. 스틱스는 그 노래를 부른 그룹의 이름이다. "강 위의 나룻배를 스쳐가는 물결이 가만히 어루만지며 편안하게 해주니, 난 더 이상 울지 않으리…… 내 근심 어린 얼굴도 사라지네……"라는 가사가 마음에 와 닿았던 모양이다. 어린 나이에 왜 그리 감당하지도 못할 큰 근심으로 밤을 설치는 일이 많았던지…… 방황 속에서 힘들어하던 10대 소년은 이 노래를 들으며 적지 않은 위로를 받았.

스틱스는 원래 그리스 신화에 나오는 강 이름이다. 죽으면 이 강에 다다른다. 그러면 뱃사공이 나와 사자死者를 배에 태워 지하의 세계로 인도해 준다. 뱃사공의 이름은 카론Charon이다. 명

왕성冥王星의 이름이기도 하다. 강의 이쪽은 삶의 세계고, 저쪽은 죽음의 세계다. 삶과 죽음의 경계를 이룬다. 여기에는 더 극적인 얘기가 함께 흐른다. 신과 인간의 결혼 이야기다.

신은 죽지 않고, 인간은 죽는다. 테티스Thetis라는 여신이 있었다. 이 여신은 아버지를 능가하는 아들을 낳으라는 신탁 때문에 인간인 펠레우스Peleus와 결혼하여 아들을 낳는다. 아들은 인간과의 사이에서 낳았기 때문에 불사의 능력을 갖지 못했다. 자기 아들이 불사의 능력을 갖지 못하여 고통 속에서 죽어갈 수밖에 없는 운명이라는 것을 안타깝게 여긴 테티스는 제우스를 찾아갔다. 제우스는 그 아들을 스틱스 강물에 담그라고 했다. 테티스는 아들의 발목을 잡고 강물에 담갔다. 그가 바로 우리에게도 이름이 익숙한 아킬레스Achilles다. 이제 아킬레스는 불사의 능력을 갖게 되었다. 단, 테티스가 잡았던 발목만은 강물이 닿지 않아 불사의 능력에서 제외되었다. 바로 아킬레스건이다.

스틱스 강물에 무생물이 닿으면 녹아 없어지지만, 생물은 강물에 닿은 부분이 불사의 능력을 갖게 된다. 스틱스 강은 어떻게 생명체에게 불사의 능력을 갖게 할 수 있을까? 이제부터 그리스 신화의 전문가도 아닌 사람의 '멋대로 해석'이 시작된다.

스틱스 강이 불사의 능력을 갖게 해줄 수 있는 것은 그 강물이 생과 사의 경계에서 흐르기 때문이다. 경계에 서 있는 자는 강하다는 것을 우리에게 조용히 말해 준다. 경계에 서 있으면 불안하다. 이 불안이 그 사람을 고도로 예민하게 유지해 주고, 그

예민성이 경계가 연속되는 흐름을 감지할 수 있게 해준다. 이 감지 능력을 우리는 흔히 통찰이라고 부른다. 세계의 흐름을 단순히 이성적인 계산 능력으로만 아니라 감성, 경험, 욕망, 희망 등등의 모든 인격적 동인들을 일순간에 발동시키는 능력이다. 생과 사의 경계에서 오는 고도의 불안을 감당하며 키워 낸 예민함만이 이것을 가능하게 한다.

경계에 서 있는 두려움을 감당하지 못하고 어느 한쪽을 선택하는 사람은 강할 수 없다. 어느 한쪽을 선택하는 순간, 그 사람의 폭과 능력은 딱 거기에서 멈춘다. 한쪽을 선택한 후, 그 세계에 자신만의 선한 왕국을 건설하고 그것을 세계의 전부로 착각한다. 한쪽을 선택하여 거기에 빠지면 바로 그 프레임에 갇혀 굳어 버린다. 이제 세계를 참과 거짓, 선과 악으로만 볼 수 있을 뿐이다. 물론 자신의 관점에 맞는 것만 참이고 선이다. 그 나머지는 모두 거짓이고 악이다. 이 관점이 바로 이념이고 신념이고 가치관이다.

세계는 변한다. 세계는 한순간도 멈추거나 고정되지 않는다. 아무리 그가 파르메니데스나 플라톤의 혈통을 받은 후예라 할지라도 이제 이 변화의 진실을 부정하지는 못하리라. 변화는 흐름이다. 흐름은 사실 경계가 지속적으로 중첩되는 과정이다. 변화를 긍정하면서 경계의 중첩이 세계의 진실임을 부정하지는 못한다. 흐르는 것은 부드럽다. 변하는 것은 유연하다. 살아 있는 것은 부드럽고 죽어 있는 것은 뻣뻣하다. 살아 있는 것에 대해서는 변화를 실현하고 있다고 말할 수 있다. 변화가 멈추고 화석화되는 일이 죽는 일이다.

산 자의 부드러움을 정지시켜 딱딱하게 굳도록 하는 것이 이념이나 신념 같은 것들이다. 이것들은 경계의 불안을 견디지 못하고 한쪽을 선택하여 남겨진 것들이다. 모든 이념은 한쪽에 서 있다. 경계성의 흐름을 관념으로 포착하는 것은 불가능하다. 관념이나 개념은 세계를 한쪽으로 정지시키는 기능을 하도록 태어났기 때문이다.

이 세계가 변화한다는 것을 믿고, 그것을 사유의 근본정신으로 받아들이는 사람들이 있다. 그래서 의식과 제도도 변해야 한다고 주장한다. 하지만 변화가 '주장'이 되는 순간 이상하게도 변화의 동작은 멈춰 버린다. 변화가 관념이나 이념이 되는 순간, 변화는 '변화'라는 간판만 달린 화석이 된다. '변화'를 경계에 서서 체득하는 것이 아니라, 한쪽에 서서 '주장'하기 때문이다.

세계가 변화라면, 즉 경계의 중첩이라면, 이제 이 흐름을 어떻게 그 흐름 그대로 마주할 수 있는가가 문제다. 흐름 그대로 마주할 수 있는 사람이 승리자다. 왜냐하면 흐름을 그 흐름 그대로 마주하는 사람만이 그 변화에 제대로 반응할 수 있기 때문이다. 세계 흐름에 반응하는 사람은 승자가 되고, 그 흐름에 반응하지 못하는 사람은 패자가 된다. 이것은 만고불변의 진리다. 패배자가 되더라도 신념을 바꾸지 않겠다고 주장하는 사람이 장렬하게 보일 수는 있지만 깊게 박힌 말뚝 같거나 딱딱한 시멘트 콘크리트처럼 오히려 사람들의 왕래를 방해하는 장애물이 될 뿐이다. 고집이거나 완고함이거나 추태다.

무생물은 변화가 멈춘 존재다. 경계의 중첩이 끊겼다. 생물은 변화 자체다. 생명은 경계의 중첩이 흐르고 또 흐르는 과정의 다른 이름일 뿐이다. 생명체에게 불사의 능력을 주는 스틱스 강은 우리에게 단호한 한마디를 전한다. "경계에 서라! 그래야 흐를 수 있다! 그래야 산 자다! 그래야 강하다!"

나룻배를 스쳐가는 물결의 흐름이 가만히 어루만져 주는 것을 느끼며 받았던 10대 소년의 위안에도 이런 근거가 있었던 모양이다.

'사람'으로 산다는 것

성공한 사람에게 큰 적은 성공 '기억'이다. 여기에서 '사람'과 '기억'이라는 단어는 한 번 더 들여다봐야 한다. 성공할 때는 '사람'으로 존재하다가, 성공한 다음에는 그 '기억'에 갇혀 버리기 십상이다. '기억'에 갇힌 그 '사람'은 새롭게 펼쳐지는 상황에 맞는 새로운 방법을 찾지 못하여 거듭 성공하는 데에 어려움을 겪는다. '기억'에 주도권을 뺏긴 그 사람은 온전한 그 '사람'이 아니다.

혁명가에게는 혁명의 '기억'이 가장 큰 적이다. 혁명을 할 때는 '사람'으로 존재했는데, 혁명을 한 다음에는 그 '기억'에 갇혀 버리기 십상이다. '기억'에 갇힌 그 '사람'은 무정하게 전진하는 역사의 흐름에 맞는 새롭고도 적절한 시대의식을 포착하지 못한 채, 혁명을 하던 그 시점에 멈춰 서서 혁명 깃발을 '완장'으로 쓰다가 결국 '반항아'로 전락해 버린다.

'사람'이 기억에 갇혀 더 이상 창의적 돌파가 불가능해지면, '사람'의 형상은 하고 있으되 진짜 '사람' 혹은 참된 '사람'은 아니다. 주도권이 '사람'에게 있지 않고, '기억'에 있기 때문이다.

중국 한漢나라를 개국한 유방劉邦의 이야기가 의미 있게 들린다. 유방은 유학자들이 탁상공론만 일삼는다고 생각하여 "유자儒者를 만나면 갓에다 오줌을 눴다"고 할 정도로 그들을 무시했는데, 육가陸賈라는 유학자는 그래도 구변이 좋아 유방 가까이에 있었다. 육가는 유방이 유학자들을 무시한다는 사실을 알면서도 계속 유방에게 『시경詩經』이나 『서경書經』의 내용들을 설파하려고 애썼다. 어느 날 유방은 참지 못하고 "나는 말 잔등에 올라탄 채 천하를 얻었다. 뭐가 부족해서 내가 『시경』이니 『서경』이니 하는 따위를 들어야 하느냐?"고 육가를 힐난했다. 그러자 육가는 말한다. "폐하는 말 등에서 천하를 얻으셨습니다. 그렇다고 말 등에 올라탄 채로 천하를 경영할 수 있다고 생각하신다는 말씀입니까?" 사마천司馬遷은 유방이 육가의 이 말에 "언짢아하면서도 부끄러워하는 기색이 역력했다"고 전한다.

내 생각에 유방의 모든 업적은 바로 이 '부끄러운 기색'에 뿌리를 두고 있다. 자신의 생각이 짧았음을 인정하고 육가의 말을 알아들었다. 승리의 기억에도 갇히지 않았을 뿐 아니라 황제라는 지위가 주는 거만한 관념에 갇히지도 않고 오로지 '사람'으로 존재하고 있었기 때문에 '부끄러운 기색'을 가질 수 있었다. 이것이

유방의 가장 위대한 점이다. 그 후로 유방은 육가에게 진나라가 그토록 일찍 멸망한 원인과 한漢의 창건 의미 그리고 정책 방향 등에 대해 연구하도록 지시했다. 이렇게 해서 육가는 『신어新語』라는 책을 탄생시켰다.

배운 것도 없고 인격적 품위도 그렇게 높지 않았던 유방이 어떻게 천하를 차지할 수 있었는가 하는 점은 사실 쉽게 이해되지 않는다. 게다가 개국 후 나라의 기틀을 새롭게 세워 나가는 과정을 보면 더욱 그렇다. 하지만 나는 그 비밀을 알 수 있다. 유방은 계속 '사람'으로서의 내면을 잃지 않고 유지했기 때문이다. 혁명을 성공시키는 그 순간에 유방은 '사람'이었다. 혁명을 성공한 다음에는 보통 혁명의 '기억'에 갇히기 십상인데, 유방은 그렇지 않았다. 유방은 육가의 말을 듣고 크게 깨달아 혁명 기억에 갇혀 가는 자기를 그대로 방치하지 않고, 바로 새로운 환경에 맞게 변신하였다. 그래서 국가 경영자로 거듭난 것이다.

혁명가가 혁명을 성공시키고도 그 혁명의 기억에만 갇혀 국가 경영자로 변신하지 못한다는 것은 '사람'이 점점 '기억'에 의해 조종되어 굳어 간다는 뜻이다. 유방은 '기억'에 갇히지 않는 힘을 가졌던 듯하다. 그래서 고정되지 않을 수 있었고, 과거에 갇히지 않을 수 있었다. 자신의 뜻대로 역사를 다루려 덤비지 않고, 역사가 움직이는 흐름에 자신을 맡겨 거기서 뜻을 세워 나갔다. 그것을 우리는 업적이라고 부르는 것이다. '사람'으로 존재해야 가능한 일이다. 유방은 중요한 순간에 '기억'의 집행자가 아니라 '사람'

으로 존재했다.

'기억'이라 함은 관념으로 지어진 틀, 넓게 말해 이념이나 신념을 말한다. 자기를 익숙함 속에 머무르게 하는 가치관이다. 정해진 마음, 즉 '성심成心'이다. 인간으로서 성심을 갖지 않거나 성심의 지배를 받지 않는 사람은 거의 없다. 우리가 보통 함량이 큰 사람, 창의적인 사람, 관용적인 사람, 위대한 사람, 큰 사람, 시대를 앞서는 사람이라고 인정하는 대부분은 이 성심의 제약을 상대적으로 덜 받는 사람들이다.

여기서 '사람'이라고 따로 표기하는 이유는 바로 이념이나 신념 혹은 가치관으로 고정되어 시멘트 콘크리트처럼 굳어 버렸거나 혹은 굳어 가는 사람과 구분하기 위해서다. 사람으로 산다는 것은 자신만의 고유하고 진실된 내면의 활동성을 기반으로 자신의 존재를 지속하는 것이다. 이런 유형의 사람에게 중국의 고대 철학자 장자는 '진인眞人'이라는 명찰을 달아 준다. 부처는 진아眞我라고 할 것이다.

안회顔回는 스승 공자에게 위나라 군주가 폭정을 일삼으니, 지식인이라면 잘 다스려지는 나라를 떠나 어지러운 나라에 가서 개선을 해야 한다는 보편적인 취지에 따라 위나라에 가야겠다고 말한다. 그러자 공자는 가 봤자 수선만 피우고 화를 당할 게 뻔하다며 만류한다. 안회는 아직 사람이 덜되었다고 보았기 때문이다. 자기 기준으로만 세계를 볼 뿐, 상대방을 헤아리는 마음 자체가 아직 준비되지 않았기 때문에 감화력을 행사할 수 없을 것이라고 본 것이다.

혁명이 성공하지 못하는 이유를 혁명하는 사람이 혁명되지 않은 채 혁명을 하려고 덤비기 때문이라고 갈파한 함석헌 선생의 말이 떠오른다. 안회가 어떻게 하면 상대방을 움직일 수 있는 감화력을 갖게 되느냐고 공자에게 묻자, 공자는 아주 간단히 말한다. "심재心齋하라!" 그렇게 말하면서, 우선은 이념에 몰두하여 고집을 부리거나 끝없이 분화된 지식을 따라 이리저리 다니지 않고 마음을 통일하는 것이라고 일러둔다. 그런 후에 차분히 말한다. "귀로 듣지 말고 마음으로 듣도록 하고, 마음으로 듣지 말고 기氣로 듣도록 하라!" 그 감화력이란 오직 자신을 지배하는 '성심'의 덩어리들을 모두 제거하고 난 상태에서야 가능해진다는 것이다.

귀로 듣는 일이나 마음으로 듣는 일 등에는 아직 갇힌 틀이 작용한다. 그러나 '기氣'의 단계는 이념이나 가치가 개입되기 이전으로서 세계의 가장 원초적 상태다. 어떤 가치나 구분이나 관념이 자리 잡기 이전 혹은 그런 관념들의 귀착이 철저히 차단된 단계다. 이 단계에서라야 '기억'이나 '관념의 덩어리' 혹은 '정해진 마음'으로서의 존재성이 무화되고 오직 '자기 자신'으로만 드러난다. 자기 자신으로만 드러나야 세계의 유동성에 동참할 수 있고, 그런 동참이 바로 감화력 즉 활동성 혹은 지배력을 생산해 준다. 자기 자신으로만 드러난 이때를 우리는 비로소 '사람'이라고 한다. 좀 더 강조해서 말한다면, '진짜 사람' 혹은 '참 사람'이다.

그렇다면, 이 '참 사람'이 감화력을 발휘한다고 할 때 그 힘 혹은 능력은 무엇인가? 바로 '덕德'이다. '덕'은 한 개인을 바로 그 사람이게 하는 유일한 터전이다. 가장 원초적이며 본원적인 활동력이다. 세계의 진실에 접촉하여 창의적인 삶을 살 수 있도록 하는 힘이 바로 '덕'이다. 장자가 말한 대로 "천지를 관통할 수 있는 유일한 힘"인 것이다. '덕'을 온전하게 발휘하여, '기억'이나 '정해진 마음'에 휘둘리지 않고 자신만의 고유한 생명력을 발동시키는 바로 그 사람이 '참 사람(眞人)'이다.

  '사람'으로 존재하면, 다시 말해 '진짜 사람' 혹은 '참 사람'으로 존재하면, '기억'이나 '이념'에 지배되지 않고 자신만의 고유한 '덕'의 활동성을 따른다. 이 '사람'은 집단이 공유하는 이념이나 신념에 좌우되지 않고, 독립적으로 '고립'되어 자신만의 빛을 발휘한다. 장자는 이 '사람'을 이렇게 묘사한다. "덕의 활동성을 따르는 사람 즉 참 사람은 오묘한 어둠 속에서 사물을 보고, 소리 없는 고요 속에서 소리를 듣는다. 오묘한 어둠 속에서 홀로 밝은 빛을 보고, 아무 소리 없는 곳에서 홀로 조화로운 소리를 듣는다."

  세계는 변한다. 계속 변하기만 한다. 이 변화를 다른 말로 표현하면 이 프레임에서 저 프레임으로 넘어가는 일이다. 기존의 프레임은 모두 나에게 익숙한 개념과 문법으로 번역되기 때문에 매우 밝고 분명하다. 그래서 의지하기 쉽고 편하다. 익숙하기 때문이다. 그런데 아직 오지 않은 세계 혹은 아직 열리지 않은 세계는 이 익숙한 개념과 문법으로 파악하기란 쉽지 않다. 어색하다. 어쩐지 잘 들어맞지 않는다. 생경하다. 다른 말로 표현하면, 이 프레임에 있는 사람에게 다가올 저 프레임은 아직 암흑이거나 오리무중이라는 뜻이다.

모든 창조적 행위자는 익숙한 문법 속에 있으면서 오리무중의 열리지 않은 세계를 바라보다가 아직 등장하지 않은 문법에 담긴 내용을 먼저 보고 반응하는 사람이다. '오묘한 어둠'으로 있는 열리지 않은 세계 속에서 '홀로' 빛을 본다. 아직 오지 않은 프레임에 걸려 있는 소리들은 지금의 문법으로 정리되지 않았기 때문에 현재의 프레임에 갇힌 사람에게는 아무 소리도 없는 것이나 마찬가지다. 오리무중!

그런데 '참 사람'은 바로 그 오리무중 속에서 '홀로' 조화로운 소리를 듣는다. 여기서 '홀로'라는 부사를 소홀이 다루면 안 된다. 모든 사람이 공유하는 '이미 있는' 문법에 갇히지 않은 사람은 '우리'를 벗어난 '나'일 수밖에 없다. 광활한 우주에 홀로 우뚝 선 사람이다. 모든 창조자들이 유일한 사람이자 고독한 사람이 아닐 수 없는 이유다. 그 '홀로' 남겨진 고독한 사람이 본 '밝은 빛'과 '조화로운 소리'는 이전에 있어 본 적이 없는 것들이다. 창조가 일어난 것이다. 이 창조를 일으킨 당사자는 '덕을 발휘하는 사람'이자 바로 우리가 말하는 '참 사람'이다.

위나라 왕이 혜자惠子에게 큰 박이 열리는 씨앗을 주었다. 심고 보니 역시나 다섯 석石이나 들어가는 커다란 박이 열렸다. 그러자 혜자는 "물을 담자니 무거워 들 수가 없고, 둘로 쪼개서 바가지로 쓰자니 납작하고 얕아서 아무것도 담을 수가 없었다. 확실히 크기는 크지만 아무 쓸모가 없어서 부숴 버리고 말았다." 그러자 장자가 혜자를 '꽉 막힌 사람'이라고 하면서 왜 그 큰 박의 "속을 파내 배를 만들어 강이나 호수에 띄워 놓고 탈 생각을 못했을까" 하고 안타까워한다.

모두가 함께 공유하는 기존의 기억이나 관념에 익숙한 혜자는 박을 물을 저장하거나 물을 떠먹는 도구로만 인식한다. '물을 저장'하고 '물을 떠먹는' 기능은 혜자에게 매우 밝고 분명한 세계지만, 이 두 기능을 넘어서는 박의 활동력은 혜자에게 아직 감춰져 있는 세계다. 어둠의 세계다.

'사람'은 '홀로' 서서 아직 오지 않은 빛을 본다. 그것이 바로 그 큰 박의 속을 파내 배로 쓰는 일이다. 창조를 이룬 것이다. '물을 저장'하는 기능과 '배를 만들어 띄우는' 기능 사이에는 그 사이를 건너뛰는 어떤 힘이 작용하는데, 그 힘이 바로 '덕'이다. '덕'이라는 힘을 발휘하는 사람은 '기억'이나 '믿음'에 갇히지 않고 '사람'으로 활동하여 항상 한계를 돌파한다.

이렇게 보면, 사람으로 산다는 것은 이미 있는 '기억'이나 '이념'이나 '신념'에 의존하기보다는 자기에게만 있는 고유한 '덕'에 의존한다는 의미다. 이 '사람'은 정해진 틀을 지키려 애쓰기보다는 그 틀을 돌파하여 전진하려 애쓴다. 훈고의 기풍 속에서 편안해 하기보다는 비록 불안하고 어색하고 생경하더라도 창의적 기풍 속으로 스스로 진입한다. 학습된 사랑을 착실히 수행하기보다는 자신만의 고유한 사랑을 과감히 시도한다. 기준을 수용하여 지키려 하기보다는 차라리 기준을 생산하려 덤빈다. '우리'가 구사하는 논리에 빠지지 않고 '나'만의 이야기를 꿈꾼다. 혁명의 기억으로 핏발을 세우기보다는 힘 빠진 눈으로 관조에 빠진다. 사회 구조를 비판하는 데에 빠지기보다는 우선 정해진 구조를 돌파할 나만의 동력을 발동시키는 데에 몰두한다. 분석이나 비판에 빠지지 않고 스스로 직접 행위자로 나선다.

   이것이 사람으로 사는 길이다. 창조자고, 지배자고, 지도자며, 영웅이고 희망이다. 이리하여 결국 '사람'이 희망인 것이다. 이런 의미에서만 사람이 희망이다.

'참 사람'은 바로 그 오리무중 속에서
'홀로' 조화로운 소리를 듣는다.
여기서 '홀로'라는 부사를 소홀이 다루면 안 된다.
모든 사람이 공유하는 '이미 있는' 문법에 갇히지 않은
사람은 '우리'를 벗어난 '나'일 수밖에 없다.
광활한 우주에 홀로 우뚝 선 사람이다.
모든 창조자들이 유일한 사람이자
고독한 사람이 아닐 수 없는 이유다.
그 '홀로' 남겨진 고독한 사람이 본
'밝은 빛'과 '조화로운 소리'는
이전에 있어 본 적이 없는 것들이다.
창조가 일어난 것이다.
이 창조를 일으킨 당사자는
'덕을 발휘하는 사람'이자
바로 우리가 말하는 '참 사람'이다.

잔소리에 대하여

동아시아 통치의 전통적인 지혜에는 어떤 것이 있을까? 현대의 정치적 평화와 그 효과를 위한 영감을 구하기 위해 고대 쪽으로 2,500여 년 정도 거슬러 올라가 보자. 거기에서 중국의 철학자 노자의 얘기를 들어볼 수 있다. 노자는 말한다.

가장 훌륭한 통치는 아래에서 통치자가 있다는 사실만 안다. 그 다음의 단계에서는 통치자를 친밀하게 느끼며 그 통치자를 찬미한다. 그보다 더 낮은 단계에서는 통치자를 두려워한다. 가장 낮은 단계의 통치는 백성들이 통치자를 비웃는 단계다.(『도덕경』 17장)

그렇다면 정치는 왜 이렇게 낮은 단계로 점점 퇴화하는가? 그것은 신뢰의 문제 때문이다. 노자는 이 점을 간파했다. "통치자가 백성들을 믿지 않기 때문에, 그 결과 백성들도 통치자를 믿지 않게 되었고", 그 불신의 결과로 결국은 백성들이 통치자를 두려워하는 단계를 거쳐서 끝내는 통치자를 비웃는 지경에까지 이르게 된다는 것이다.

최고 단계의 통치에서 백성들이 통치자가 있다는 사실만 겨우 아는 것은 그가 일을 하지 않기 때문이다. 여기서 통치자가 일을 하지 않는다고 하는 것은 팔짱을 끼고 가만히 있다는 것이 아니라, 백성들이 과중하게 느낄 통치 행위를 하지 않는다는 것이다. 다시 말하면, 통치자가 특정한 이념이나 가치관으로 강하게 무장하여 그것을 백성들에게 반드시 실행하기를 요구하지 않는다는 뜻이다. "무엇을 하되 반드시 자기 뜻대로 하려 하지 않기"(『도덕경』 2장) 때문이다. 통치의 주도권이 통치자가 아니라 백성들에게 있을 때라야 그려질 수 있는 정치의 풍경이다. 통치자가 백성들을 믿을 때라야 가능한 일이다.

재미있는 영화가 있고, 재미없는 영화가 있다. 여기에는 여러 가지 요인이 있겠지만, 내가 생각하는 중요한 게 하나 있다. 그것은 영화를 만드는 감독이 관객을 믿느냐 믿지 않느냐 하는 문제다. 즉 감독이 영화를 만들면서 관객의 수준을 믿지 않으면 자신의 의도대로 영화가 읽히지 못할 것을 걱정하게 된다. 그렇게 불안해진 감독은 줄거리 또는 암시를 일일이 설명하는 대사나 장면을 영화 전반에 걸쳐 심지 않을 수 없다. 그렇게 되면 관객이 영화 속에 들어와 참여할 수 있는 여백이 만들어지지 않는다. 관객이 영화 스토리에 직접 참여하여 함께 구성하는 형식이 아니라, 감독의 '일방통행'을 구경했다는 느낌만 남을 뿐이다. 관객은 없고 감독만 남는 형국이다. 여기서 관객은 자신의 자발성보다는 감독의 강압성만 느끼게 될 것이다. 무슨 재미가 있겠는가? 관객에 대한 감독의 불신은 관객의 참여를 차단하는 결과를 낳는다. 관객의 자발성이 차단된 후의 영화는 결국 외면될 것이다.

통치자가 백성들을 믿지 않고 자신의 뜻대로만 하려고 하는 것은 자기가 기대하는 대로 혹은 자기가 가지고 있는 기준대로 백성들이 움직여 줄 것이라고 믿지 못하기 때문이다. 그래서 자기의 뜻만을 강하게 관철하려고 한다. 관객을 믿지 못하는 영화감독처럼 되는 것이다.

통치자가 백성들을 믿지 못하는 이유는 무엇일까? 그것은 통치자가 통치에 대한 혹은 통치의 결과에 대한 강한 이념이나 기준을 가지고 있기 때문이다. 불신을 만들어 내는 원천적인 힘은 바로 강한 기준이다. 그 기준은 대개 관념이나 이념의 덩어리일 뿐이다. 이것은 실제가 아니다. 강한 기준과 이념을 근거로 한 통치는 이념으로 실제를 제어하는 꼴이다.

가정에서 부모와 자식 간에 갈등이 일어나는 이유는 대개 부모의 '선의善意' 때문이다. 자식을 잘되게 하려고 부모가 선의로 요구하는 일들이 자식의 성향과 맞지 않을 때, 부모는 자식을 불신하고 자식은 부모를 폭력적인 부모로 생각할 수밖에 없다. 부모가 자식에 대해서 선의로 가지는 기대와 희망은 그것이 매우 아름다운 것이라 할지라도 자식에게는 기준이나 이념이다. 기준이나 이념에 비추어서 거기에 만족스러울 정도로 잘 들어맞는 사람은 거의 없다. 부모가 자식에게 시시콜콜 요구하는 것은 자식이 잘못될까 봐 하는 염려에서 출발한다. 자식이 잘못될까 봐 하는 염려는 아무리 봐도 자식이 미덥지 않은 탓이다.

그럼, 이 불신은 어디에서 오는가? 말할 필요도 없이 부모가 가지고 있는 기준 때문이다. 통치자가 백성을 믿지 못하는 것, 영화감독이 관객을 믿지 못하는 것, 부모가 자식을 믿지 못하는 것이 모두 '기준' 때문이다. 그래서 노자는 "말을 아끼라"(『도덕경』 17장)고 말한다. 바로 '잔소리'를 줄이는 것이다.

'잔소리'는 통치자가 백성들에게 지켜야 할 것으로 부과하는 이념이나 기준이다. 이것을 줄이는 일은 백성들이 잘못되지 않을 것이라는 믿음이 있어야 비로소 가능하다. 영화감독이 잔소리를 줄인다는 것은 자신의 의도를 모두 대사나 장면 속에 담지 않는다는 말이다. 관객을 믿어야만 가능한 일이다. 부모가 잔소리를 줄인다는 것은 이래라저래라 자식에게 함부로 강요하지 않는다는 말이다. 역시 자식을 믿어야 가능한 일이다.

백성들을 믿는 통치자는 분명한 이념이나 체계를 강요하지 않기 때문에 백성들은 통치자로부터 어떤 중압감도 느끼지 않고 그저 통치자가 존재한다는 사실만 알 뿐이다. 이런 일은 백성들을 신뢰하는 통치자만이 할 수 있다. 그래서 백성들은 공이 이뤄지고 일이 잘되어도 통치자 덕분이라고 생각하기보다는 저절로 그렇게 된 것으로 혹은 원래부터 이럴 수 있었던 것으로 내지는 자기가 스스로 그렇게 한 것으로 받아들인다.(『도덕경』 17장)

출세한 자식들이 부모에게 공을 돌리는 일은 참 아름답다. 하지만 거기에 자식 스스로의 존재적 자각이나 자부심은 자리하기 힘들다. 백성들이 공을 이루고도 그것을 통치자에게 돌리는 일이 아름답기는 하지만, 그런 구조 속에서는 백성 스스로의 자발성과 자율성에 대한 동기가 자라나지 못한다.

삶을 이뤄 나가는 주도권을 자식에게 돌려 줘라. 자식에게 자기 스스로에 대한 자부심이 귀착되도록 해야 한다. 백성들에게 자율自律과 자정自正 그리고 자정自定의 능력과 자부심을 돌려주는 정치를 해야 한다. 바로 통치의 주도권과 동기가 백성들에게서 출발하는 정치다. 이것이 바로 무위無爲의 통치가 아니겠는가! 노자는 이런 통치 구조 속에서라야 모든 일이 잘 다스려지는 무불치無不治의 지경에 이를 수 있다고 말한다.

원심력과 중력 사이

　지금 독일은 잘나가고 있다. 때마침 모 방송사에서 독일 정치의 리더십을 조명하는 프로그램을 방영하기에 주의를 기울여 봤다. 특히 그들 리더십을 이루는 핵심적인 요인이 무엇인가를 알고 싶었다. 왜냐하면, 어떻게 말하더라도 리더십은 그 나라의 정치 수준을 결정짓는 기둥이기 때문이다. 깊이 생각할 필요도 없었다. 연출자가 핵심을 잘 지적해 주었다. 거기서는 독일 지도자들의 특징을 검소와 겸손으로 들었다.

　검소와 겸손은 모두 자기 스스로 자신을 잘 절제하는 태도다. 말은 쉽게 들리지만 행하기는 매우 어려운 경지다. 독일 정치인들의 특징을 검소와 겸손으로 들었다면, 그들에게는 최고의 찬사가 아닐 수 없다. 검소와 겸손은 인간 덕성의 절정에 속하는 것들이기 때문이다. 어느 단계에서는 인간으로서의 품격이 모든 사태의 수준을 결정해 버린다. 그 높은 수준의 핵심이 바로 검소와 겸손이다.

검소함이라는 단어는 우선 먹고 입는 일을 소박하게 하는 것을 떠올리게 한다. 돈이 많으면서 비싼 옷 안 입고, 좋은 음식 안 먹는 일은 거의 불가능하다. 비싼 옷과 좋은 음식은 갈수록 강도가 높아질 수밖에 없다. 강도가 높아지면서 점점 자신의 중심을 벗어난다. 인간의 욕망에는 원심력의 속성이 있고, 인간으로서의 근본에는 중력의 속성이 있다. 원심력을 타고 자신의 근본을 이탈하려는 욕망을 중심 쪽으로 끌어내리려고 절제하는 태도가 바로 검소함이다. 절제를 통해서만 인간은 균형을 갖춘 존재가 되는데, 이 균형의 유지라는 것이 인간 품격의 높이를 보여준다.

그래서 도덕적으로 성숙되는 과정과 정치 사회적 활동을 일치시키려 노력했던 공자는 "선비가 도道에 뜻을 두고도 평범한 옷을 입고 거친 음식을 먹는 것을 부끄러워한다면 더불어 의논하기에 부족하다"(『공자·이인里仁』)고 말한다. 도에 뜻을 두었다는 것은 좋은 세상을 만들려는 사명을 가졌다는 것이니 정치 행위를 한다는 말이다. 검소하지 않은 사람은 세상사를 함께 논할 정도의 수준이 못 된다는 공자의 말은 매우 깊은 통찰을 보여준다.

지식에 대한 탐욕도 그렇다. 온갖 외국 유적지는 다 돌아다니고, 인류 문명의 기원까지 찾아다니는 열정을 보이면서도 자기가 처한 구체적인 역사 안에서 어떤 책임감을 발휘해야 하는지에 대해서는 둔감하다. 한없이 배우려고 여기저기 돌아다니는 원심력을 타느라 정작 지성의 중력은 상실해 버린다. 여기서 중력은 지성의 본령을 말한다. 지성의 본령은 자신이 처한 환경 속에서 책임성을 느끼고 무엇인가 필요한 역할을 하는 것이다. 우리가 외부적인 지식을 습득하는 목적은 자신이 처한 구체적인 현실에서 적절하고 의미 있는 행위를 하기 위한 것이 아니겠는가. 이것이 자신의 성숙을 궁극으로 이끌고, 그 결과로 사회를 더 좋게 만든다.

메디치 가문을 구경하러 이탈리아까지 찾아간 부자들이 귀국하여 조금이나마 메디치 가문의 흉내라도 내보려고 하는 사람이 없는 것이 지금 우리의 현실이다. 지적 활동의 본령이라는 중력으로 탐욕적인 원심력을 이겨 내는 것이 바로 검소함이다. 이 검소함은 메디치 가문을 보고 온 사람에게 메디치 가문이 르네상스를 열었던 것에서 감화를 받아 우리의 새 역사를 여는 일에 헌신할 수 있게 할 것이다. 이 헌신하려는 내면을 가지는 순간, 그에게는 지금까지의 그가 가지고 있던 것을 훨씬 넘어서는 전혀 다른 차원의 새로운 발전이 기약된다.

검소함은 원심력과 중력 사이에서 맞춰진 균형으로 탄성을 만들어 낸다. 이 탄성은 한 사람의 인격이 폭발적으로 확장되는 결과를 안겨 줄 것이다. 어떤 정치적 리더십도 이 탄성이 없이는 건강한 권력을 가지지 못한다. 좀 길지만, 노자의 목소리를 들어볼 필요가 있다.

모두가 나를 위대하다고 하는데, 위대해 보이더라도 여전히 부족하다. 부족하다는 것을 알기 때문에 오히려 위대해질 수 있었다. 잘나 보이려고 했다면, 오래전에 별 볼일 없게 되었을 것이다. 나는 세 가지 보물을 잘 지킬 뿐이다. 자애로움과 검소함과 앞서려고 거칠게 나서지 않는 것이다. 자애로운 마음을 가져야 용감할 수 있고, 검소해야 넓어질 수 있으며, 앞서려고 거칠게 나서지 않아야 지도자가 될 수 있다. 자애로움도 없이 용감하거나, 검소함도 갖추지 않고 넓히려 하거나, 물러서는 덕성을 배우지 않은 채 앞서려고만 하면 바로 죽음의 길이다.(『도덕경』 67장)

직職과 업業

나는 내 직장 길 건너에 있는 아파트에 산다. 아파트 지하 1층에는 운동할 수 있는 시설이 갖춰져 있는데 그곳에서 운동을 하던 어느 날 아침에 있었던 일이다.

큰 잔에 찻잎 몇 개 떨어뜨리고 뜨거운 물을 부어서 가져가는데, 운동을 할 때는 벽 한쪽에 있는 테이블 위에다 올려놓는다. 그날도 그랬다. 운동을 하다가 목이 말라 찻잔을 놓아둔 곳으로 갔는데 그 잔 위에 티슈 한 장이 살포시 놓여 있는 것을 보았다.

보통 오전 8시 조금 지나면 여성 한 분이 와서 청소를 한다. 진공청소기를 돌리고 유리창을 닦고 운동기구의 먼지를 닦아 낸다. 그분이 해 놓으셨다는 것을 바로 알 수 있었다. 큰 감동을 받은 나는 그분에게 다가가 감사 인사를 드렸다. 청소할 때 생기는 먼지가 들어갈까 봐 명함 크기만 한 일회용 사각 종이컵을 걸쳐 놓고 거기에 티슈를 올려놓으신 것이다. 그 일을 생각하면 지금까지도 마음이 밝고 환해진다.

자신이 비록 힘들고 불편하더라도, 한 발짝 더 내디뎌 다른 사람을 편하게 해줄 수 있는 일을 하는 사람들은 항상 감동을 준다. 타인에게는 편리함을 제공하는 일이자, 자신에게는 자신을 제한하는 기능적인 한계를 벗어나서 스스로를 확장하는 경험이기도 하다. 좀 과장하는 것으로 들릴 수도 있겠지만, 사실 이것이 바로 어떤 한 사람을 위대하게 만드는 힘의 출처다.

모든 창의적인 일이나 사회적인 공헌 등은 우선 자신이 확장되어 많은 사람에게 혜택을 주는 공적인 역할로 자리 잡은 경우들인데, 그런 일들은 굳이 하지 않아도 되는 것을 하는 데서 생긴다. 굳이 하지 않아도 되는 일이기 때문에 자신에게는 하나의 수고가 된다. 하지만 이런 종류의 수고가 있어야만 세상은 더 나아지고 자신은 더 성숙해진다. 자신이 전체 세상으로 확장되는 일이자, 자신을 성숙시키는 일이라는 점에서 개별자로서의 자신과 전체로서의 세상이 서로 섞이고 일치하며 교류한다. 간단하고 쉬워 보이지만 막상 잘 안 되는 일이라는 것을 우리는 잘 안다.

세상은 넓고 다양하다. 하지만 한 개인의 능력은 제한되어 있다. 그래서 우리는 대개 하나의 역할만을 담당하고 산다. 세상 속에서 자신이 맡은 역할을 '직職'이라고 한다. 또 인간은 누구나 행위의 결과에 따라 성숙해 간다. 당연히 모든 행위는 사실 수행이며 거기에 자신의 미래가 달려 있다. 그것을 불교에서는 '업業'이라고 한다. 이렇게 보면, 인간은 '특정'한 역할(職)을 통해 자신을 실현하고 완성(業)한다. 이것이 바로 직업이다. 당연한 이치로, 인간은 '직업'을 잘 수행함으로써 사회적이고 공적인 존재로 확장한다. 바로 '직업인'이다.

여기서 핵심은 '업'의 정신에 있는데, 그것은 자신이 맡은 역할(職)을 전인격적인 태도로 대하느냐, 아니면 기능적으로 대하느냐에 따라 달라진다. 전인격적인 태도는, 마음은 다른 곳에 두고 정해진 일만 대충 하는 것이 아니라 자신이 맡은 일의 궁극적인 의미를 살펴서 거기에 온 마음을 두고 기꺼이 불편함과 수고를 받아들여 조그마한 확장성이나마 시도해 보는 것이다.

그렇게 되려면 우선 자신의 역할을 하나의 수행처로 삼아야 한다. 그 역할을 통해서 자아가 완성되고 실현된다는 지속적인 각성을 하고, 항상 정성스러운 마음가짐을 유지해야 한다. 그렇지 않으면 언제라도 마음이 떠난 상태에서 자신의 역할을 기능적으로만 대한다. '직'과 '업'이 분리된다. 이런 사람은 '직업인'이 아니라 그냥 '직장인'이다. 한 사회의 건강성과 진보는 구성원들이 '직업인'으로 사느냐, '직장인'으로 사느냐가 좌우한다. 결국 '시민이냐', '아직 시민이 아니냐'다.

성장하는 삶을 살고 싶은 사람은 누구나 '그 다음'에 대해서 말할 수 있어야 한다. 말만 하는 것이 아니라 '그 다음'을 살아야만 한다. 자신이 맡은 기능적인 역할 '다음'을 할 수 있어야 한다.

지혜로운 사람은 자신이 알고 있는 것에 머물지 않고, 알고 있는 것 '다음'을 따라 아직 알려지지 않은 곳으로 넘어가려고 시도한다. 어떤 일을 하고 나서 바로 그 다음에 어떻게 혹은 무엇을 해야 하는지를 걱정한다. 그것은 청소하시는 그분이 다른 사람의 찻잔에 먼지가 들어갈까 봐 걱정하고, '다음'을 하는 수고를 기꺼이 한 일과 똑같다.

게으른 눈, 부지런한 손발

앞서기 위해 물러선다

　인간에게는 이탈의 욕구가 있다. 이탈은 부정적으로 들릴 수도 있는 동작이지만, 사실 매우 긍정적이며 생산적이기도 하다. 모든 생물은 자기 존재를 보존하며 확장하려 애쓰도록 태어났는데, 서로 확장하려 하다가 경쟁을 피할 수 없게 되기도 한다. 확장은 다양한 의미에서 기존의 터전에 고착되지 않고 벗어나려는 율동이다. 이것이 이탈이다. 어쩔 수 없이 이탈은 부정의 자세를 취할 수밖에 없다. 정반합의 '반'이다.
　'합'을 기약하는 '반', 그래서 인간은 이탈을 하면서 스스로를 확장한다. 생산적이지 못한 상황에 처한 인간은 지루함을 느끼지 않을 수 없다. 그 지루함을 이기려고 그것을 부정한다. 부정이 없다면 얼마나 지루할까. 또 지루함을 견디지 못하는 인간의 속성은 얼마나 공격적이며 생산적인가. 부정할 수 있어서 우리는 고정되지 않고 움직인다. 발전도 부정의 한 형식이 빚은 결과다.

여기에도 문제는 있다. 부정이 어느 순간에는 멈추어 고정될 수 있다는 점이다. 부정의 죽음이다. 싫증난 한편을 부정한 후에 채택한 새로운 한편이라고 해서 계속 새롭거나 영원한 선은 아니다. 새로운 부정이 기약될 때만 새롭고 선하다. 부정의 동력이 끊기고, 뿌리를 내려 자리를 잡으면 폐색과 멸망만이 기다릴 뿐이다. 이는 매우 미묘한 원칙이다. 불교에서는 일찍부터 이 점을 주의 깊게 살피고 이중 부정이나 지속 부정을 말했다. 바로 양공兩空이니 중현重玄이니 하는 것들이다. 장자는 양행兩行을 말한다.

시인 이갑수는 이렇게 적었다. "신은 시골을 만들었고 / 인간은 도회를 건설했다 / 신은 망했다."(「신은 망했다」, 『신은 망했다』, 민음사, 1991) 사태가 어떠하든지 간에 우리의 중심 자리는 '신'이 아니라 '인간'이다. 신은 인간이 가고 싶어 하는 방향이거나 완성이거나 원본이거나 모델이거나 초청된 감독자다. 인간 확장의 절정이다.

그런데 인간은 도회를 건설하면서 확장에 가속도를 냈다. 우리가 누리는 문명은 모두 도회의 산물이다. 그렇다면, 도회적 확장의 절정은 신이 만든 시골을 닮아 가야 할 것이다. 도회의 시골화는 이상적인 차원에서 완성된 모습일 수 있지만, 현실 속에서의 확장은 시골의 도회화다. 그래서 우리는 도회에 있으면서 시골을 갈망한다. 시골을 갈망하는 농도가 강해질수록 도회에 대한 비판은 격렬하다. 도회에 대한 비판이 격렬해질수록 그는 신적인 영역에 가까워지는 환상을 차지한다. 도회를 공격할수록 진실하고, 신을 닮은 참된 인간으로 치장할 수 있다. 하지만 그는 도회를 떠나지 않는다. 시골에서 도회를 동경하는 것도 도회에서 도회를 비판하는 강도만큼이나 인정을 받아야 공평하다.

"신은 망했다"는 이갑수의 말이 시골을 택하고 도회를 버리라는 웅변은 아닐 것이다. 신이 망하면서 인간의 승리를 몰래 감추듯이 말해 준다. 그런데 도회의 승리가 시골을 품어야 진정한 완성이 되듯이, 인간의 승리도 신의 승리를 품을 수 있다. 도회에 살면서 배타적 자세로 도회를 부정하고 시골을 갈망하는 것은 아무리 격렬해도 성숙한 완성의 길이 아니다. 시골과 도회가 상호 교차되거나 포섭되는 길만이 인간적인 완성에 가깝다. 이것도 사실은 부정이 부정으로 고착되지 않고, 스스로 부정되어 다시 새로워지는 한 형태다. 이것이 진정한 완성이다.

스스로를 생태주의자로 자리매김하는 어느 분의 인터뷰 대상자가 된 적이 있다. 그는 인터뷰를 시작하기 전에 마당에 난 민들레 꽃대를 꺾어 피리 만드는 법을 내게 가르쳐 주었다. 나는 시골 출신이면서도 난생처음 민들레 피리를 만들어 불어 보았고, 나중에 다른 사람들에게 가르쳐 주기도 했다. 민들레 피리를 불 때, 나는 잠시 잊었던 시골의 정서를 다시 불러올 수 있었다. 이야기가 깊어갈수록 그는 매우 절실하고 진실한 사람임을 드러냈다. 생태주의의 철저한 복원을 꿈꿨다. 시골을 건설해 놓고 망한 신을 살려내려는 전사 같았다. 당신이 사용은 하지만, 사실은 냉장고도 부정한다고 했다. 강남에 살지만, 사실은 많이 가지는 생활 방식을 부정한다고도 했다.

인터뷰 중간쯤에서 나는 지식의 생산이나 창의력이 탐험이나 모험과 깊게 연관된다는 점을 지적하면서, 서양에는 직업으로서의 탐험가가 먼 옛날부터 존재했지만, 동양에는 그러지 않았다는 점을 언급했다. 그러자 그분은 탐험이 오히려 삶의 환경을 악화시켰다고 강조했다. 탐험을 통해서 대륙 간에 교류가 활발해지고, 이 교류가 세상의 생태 환경을 악화시켰다고 했다. 지식의 생산이나 생산된 그 지식을 통한 과학기술 문명의 발달도 추구할 일이 아니라고 했다. 이는 그냥 단순한 서양추수주의일 뿐이며 결과적으로 삶을 나쁘게 끌고 가는 악이라고 했다. 그러면서 천성을 해칠까 봐 문명의 이기인 기계 자체를 사용하지 않는 노인의 이야기를 해주었다. 그는 그 이야기의 반만 알고 있었다. 나는 나머지 반을 이야기해 주고 싶었지만, 그저 조용히 있었다. 『장자』의 「천지天地」편에 나오는 한 대목이다. 얘긴즉슨 다음과 같다.

공자의 제자인 자공子貢이 여행길에 밭에서 일하는 노인을 보았다. 굴을 뚫고 우물에 들어가 항아리로 물을 퍼 나르고 있었다. 그러자 자공이 힘겹게 일하는 그 모습이 딱해서 두레박이라는 기계를 쓰면 하루에 백 이랑도 물을 줄 수 있고 아주 편하니 그렇게 해보시라고 권했다. 그러자 노인이 웃으면서 기계를 쓰면 기계에 사로잡히는 마음이 생겨나서 순진 결백한 본래의 것이 없어지고, 그러면 또 정신이나 본성의 작용이 안정되지 않으며, 더 나아가서 도가 깃들지 않게 되니 기계를 안 쓰는 것이지 기계를 모르는 것이 아니라고 말한다. 이 말의 의미가 감당하기 어려울 정도로 깊고 크게 느껴진 자공은 넋을 잃었다가 삼십 리나 걷고 나서야 제정신이 들었다고 한다.

　자공은 왜 정신을 잃을 정도로 충격을 받았을까? 문명의 착실한 건설을 주장하는 스승 공자와 전혀 다른 생각을 펼쳐 보이면서 문명 자체를 부정하는 근본주의적 철저함을 나타냈기 때문이다. 자공에게도 제자가 있었다. 그 제자하고 나눈 대화를 보면 자공이 왜 그리 놀라고 또 감탄했는지를 알 수 있다.

　안색이 변한 자공을 보고 그 제자는 도대체 어떤 사람을 만나셨기에 이처럼 정신을 잃을 정도로 크게 놀라신 거냐고 물었다. 그러자 자공이 말해 준다. 자공은 원래 스승인 공자로부터 옳은 것을 하고 공을 이루려고 애쓰며 수고를 덜하고도 큰 효과를 거둬야 한다고 배우고 그 가르침을 최고로 알았는데, 이 노인네는 확실히 근본의 도를 지키고 있어서 덕과 육체와 정신이 모두 온전하니 확실히 공자보다도 훨씬 더 성인의 도를 구현하고 있는 것으로 보고 경탄한 것이다. 자공이 머릿속에 그린 성인의 도는 일의 편리함이나 거짓 기교 따위로 자유롭고 소박한 원래의 마음을 손상시키지 않는 것이었다. 그런 경지에 있는 사람은 마음이 내키지 않으면 어디에도 가지 않고, 마음이 원치 않으면 아무 일도 하지 않으며, 온 세상 사람들이 칭찬해도 돌아보지 않고, 모두가 비난해도 들은 체도 하지 않는다. 성인의 도를 이렇게 생각하고 있던 자공에게 기계가 주는 편리함을 누리다가 거짓 기교에 빠져 본마음을 잃지 않으려 하는 이 노인네의 모습은 놀라기에 충분했다.

귀향 후에 공자에게 이 이야기를 전했다. 아마 자공의 속마음에는 그 노인네를 스승보다 더 높이 놓고 있었는지도 모른다. 여기서 주의할 점이 있다.『장자』라는 책에는 '중언重言'이라는 기법이 사용되는데, 그것은 유명한 사람의 입을 통해 필자 자신의 말을 하는 것이다. 권위에 기대 설득력을 배가시키려는 기술이다. 당연히 여기에 나오는 공자는『논어』속 공자라기보다는 도가적 사상가로서의 공자다. 공자는 자공에게 그 노인네는 도가 정신을 잘못 배워서 하나만 알고 둘은 모른다, 즉 자신의 내면만 다스리고 외면을 다스리는 법은 모른다고 일러 준다. 참된 본성만 품고 무위자연의 순박한 모습을 지키는 게 다가 아니라는 것이다. 그런 정신으로 속세적인 삶을 살면서도 유유자적하는 경지를 보여야 제대로 된 것이라고 말한다. 장자는 내면과 외면을 동시에 다스릴 수 있어야 최고지, 어느 한편만 지키는 것은 아직 부족하다고 분명히 말한다.

양자택일의 논리에 익숙한 사람들은『장자』에 나오는 이 이야기를 들을 때도 한쪽만을 택해서 장자를 문명 부정론자로 끌고 간다. 이런 일은 노자를 읽는 사람들 사이에서도 쉽게 나타난다.『도덕경』에는 분명히 '무위이무불위無爲而無不爲', 즉 "무위하면 모든 일이 잘 이뤄진다"고 쓰여 있는데, 양자택일의 전사들은 '무위'만 보고 '무불위'는 애써 외면한다. 하지만 사실 노자의 시선은 모든 일이 잘 이뤄지는 현실적인 효과로서의 '무불위'에 가 있다.

노자의 사상은 뒤로 물러서는 것이라고들 한다. 하지만 꼭 그렇지만도 않은 것이 물러서는 것도 앞서기 위해서이기 때문이다. 『도덕경』 7장에 분명히 기록되어 있다. '후기신이신선後其身而身先', 즉 뒤로 물러서지만 결국 앞서게 된다는 것이다. 하지만 한편을 지키는 일에 익숙한 사람들은 뒤로 물러서는 일만 챙기고, 책에 분명히 기록되어 있음에도 불구하고 앞서는 일은 애써 외면한다.

노자나 장자나 모두 문명 부정론자가 아니다. 철저한 문명론자다. 다만 다른 또 하나의 문명을 주장할 뿐이다. 문명 비판을 문명 부정으로 바로 끌고 갈 일이 아니다. 문명 비판이 문명 부정에서 멈추지 않고 다른 또 하나의 문명을 초청하는 힘이 되어야 한다.

우리는 보통 대립된 두 면 가운데 하나를 취하는 데 익숙하다. 이쪽 아니면 저쪽을 택하면서 상대방에게도 그러기를 은연중에 강요한다. 한쪽을 택한 후, 그것을 철저하게 지키는 것을 순수하고 절실하고 진실한 삶의 태도로 여기기도 한다. 이단이나 극단적 근본주의는 다 이런 곳에서 성장한다.

하지만 두 면을 동시에 장악하거나 두 면 사이의 경계에 처하지 않으면 전면적 인식이나 진보적 삶은 구현되지 못한다. 이것을 부정하다가 저것에만 빠지는 것은 부정의 고착화다. 지속 부정을 통해 부정을 살아 있게 해야 한다. 그것이 성숙한 이탈이다.

   한쪽을 택하면 과거에 박히고, 경계에 서면 미래로 열린다. 한쪽을 택하면 이념화되기 쉽고, 경계에 서면 생산적인 효과를 낸다. 한쪽을 택하면 얼굴에 짜증기가 새겨지고, 경계에 서면 밝고 환해진다.

우리는 보통 대립된 두 면
가운데 하나를 취하는 데 익숙하다.
이쪽 아니면 저쪽을 택하면서
상대방에게도 그러기를
은연중에 강요한다.
한쪽을 택한 후,
그것을 철저하게 지키는 것을
순수하고 절실하고
진실한 삶의 태도로 여기기도 한다.
이단이나 극단적 근본주의는
다 이런 곳에서 성장한다.
하지만 두 면을 동시에 장악하거나,
두 면 사이의 경계에 처하지 않으면
전면적 인식이나
진보적 삶은 구현되지 못한다.
한쪽을 택하면 과거에 박히고,
경계에 서면 미래로 열린다.
한쪽을 택하면 이념화되기 쉽고,
경계에 서면 생산적인 효과를 낸다.
한쪽을 택하면 얼굴에 짜증기가 새겨지고,
경계에 서면 밝고 환해진다.

위대함은 어디에서 오는가

　인간은 근본적으로 문화적 존재다. 자신의 생각을 반영하여 인간과 관계없이 존재하던 자연의 세계 위에 무늬를 그린다. 무늬를 그리면서 자연 세계를 변화시키는 인간의 행위를 '문화'라 하고, 문화적 활동의 결과로 눈앞에 분명하게 세워진 다양한 내용들을 '문명'이라 한다.
　한 인간의 높이는 문화적인 수준이 얼마인가가 결정한다. 개인에만 한정되지 않는다. 국가의 문명적인 수준도 마찬가지로 문화의 눈금으로 결정된다. 문화도 가장 원초적으로는 '생각'에 의해 지배된다. 결국 생각의 수준이 그 문화나 문명의 내용과 높이를 좌우한다. 한 인간의 높이가 그 사람이 가진 생각의 수준에 의해 정해진다는 것도 매우 당연하다. 국가도 그러하다.

그런데 문화나 문명의 내용에 방향성을 제시하는 '생각'은 많은 경전들에 집약되어 축적되고 전승된다. 그래서 문명국에는 문화가 응축된 경전들이 존재한다. 그 경전들은 인종과 지역에 상관없이 보편적인 존경을 받으며 긴 시간 동안 비판과 반대나 전쟁뿐만 아니라, 햇빛이나 비바람 그리고 천둥 번개들까지도 이겨내며 계속 이어져 지금까지도 인류의 나침반 역할을 한다.

우리는 그것들을 따로 '고전古典'이라 존칭한다. 문화적 존재로서의 인간이 발휘하는 탁월한 능력은 모두 '고전'으로 모인다. 따라서 선도국에는 생각을 선도하는 증거로서 '고전'이 존재한다. 지금 이 단계에서 우리는 '고전'이 어떻게 태어나는지 면밀히 들여다볼 필요가 있다. 그래야 우리도 고전의 생산국이 되는 도전을 할 수 있기 때문이다.

어느 날, 한 학생이 찾아와 도움이 될 만한 좋은 고전을 추천해 달라 했다. 서양 현대 철학을 연구하는 학생이어서, 나는 오히려 전혀 다른 쪽에서 더 도전적인 영감을 얻을 수 있지 않을까 하고 중국의 고전 가운데 하나인 『장자』를 권해 주었다. 사실 『장자』라는 책은 서양 현대의 철학자들이나 예술가뿐만 아니라 심리학자들에게까지도 매우 광범위하게 영향을 끼친 책이다.

몇 달 지나 학생이 다시 찾아왔다. 매우 인상적으로 읽었으며, 많은 영감을 받을 수 있었다고 하면서 나에게 감사를 표했다. "감사합니다, 선생님! 저는 이제 장자처럼 살아 보려고 합니다." 이 말은 나의 문제의식을 매우 부정적으로 자극했다.

나도 한마디 했다. "이 사람아, 장자를 감명 깊게 읽고 나서 기껏 한다는 말이 장자처럼 살아 보겠다는 것인가? 그럼 자네는 어디 있을 요량인가?" 장자는 절대 자신 이외의 그 누구처럼 산 사람이 아니다. 장자 자신처럼만 살다 간 사람이다. 자신처럼 혹은 자신으로만 사는 자신을 자신의 눈으로 들여다보면서 집요하게 해 낸 사유의 결과물로 『장자』가 태어났을 뿐이다.

우리에게 존경받는 수많은 고전 가운데 어느 한 권이라도 자신 이외의 누구처럼 살다가 나온 것이 있겠는가. 플라톤은 플라톤 자신처럼 살다가 『국가론』을 남겼고, 노자도 공자도 다 각자 자기 자신으로만 살다가 『도덕경』과 『논어』를 남겼다. 기원전 8세기 호메로스도 오직 자기처럼만 산 사람이다. 그 결과로 『일리아드』와 『오디세이』를 인류의 빛으로 세워 놓았다.

이제 알겠다. 위대한 고전들은 다 자기 자신처럼 산 사람들이 남긴 결과라는 것을. 그렇다면 위대함은 다 자기 자신으로만 산 사람들에게서 나온다는 것도 알겠다. 고전을 생산한 사람들은 자기 자신으로만 살았는데, 고전을 존숭하는 자들은 그 고전을 따라 살려 한다. 자신으로부터 나온 것만 위대해질 수 있다는 것을 알아야 한다.

철학이 의자가 되는 방법

　금요일 수업이 끝난 후, 한숨 돌리고 나서 최철주 고문님과 대화를 한다. 오늘이 둘째 날이다. 고문님께서 연구실 문을 열고 들어오면서 한 말씀 하신다. 어떤 버스가 "절약하는 당신이 녹색발전소"라는 문구를 달고 다니는데, 곰곰이 생각하다가 "철학하는 당신이 나라발전소"라고 하면 어떨까 하고 생각하셨단다. 깜짝 놀랐다. 이정록 시인의 「의자」도 함께 이야기했다.

　허리가 아프니까 / 세상이 다 의자로 보여야 / 꽃도 열매도, 그게 다 / 의자에 앉아 있는 것이여 …… 이따가 침 맞고 와서는 / 참외밭에 지푸라기도 깔고 / 호박에 똬리도 받쳐야겠다 / 그것들도 식군데 의자를 내줘야지(「의자」, 『의자』, 문

학과지성사, 2006)

모두들 '불금'을 향해 나갈 채비를 할 때, 발전소와 철학과 의자 얘기를 하는 일은 참 즐겁다. 고문님은 이 즐거움에 굵은 마디를 걸쳐 주신다. "철학이 결국은 의자다." 깜짝 놀란 이유가 바로 전날 밤에도 이런 얘기를 듣고 깊은 상념에 잠겼었기 때문이다.

중국에서 온 도사道士와 밤늦게 만나 두 시간 정도 한담을 나눴다. 내가 철학을 공부하는 사람임을 알자 대뜸 말한다. "철학이 국가 발전의 기초다." 철학을 긴 시간 공부하면서도 나는 한국 사람 가운데 누가 "철학이 국가 발전의 기초다"라고 말한 것을 들어 본 적이 없다. 돌이켜 보면, 이전에도 중국이나 미국 등에서는 이런 말을 들어 본 기억이 있다. 한국 사람에게서는 오늘 오후에 최 고문님으로부터 듣는 게 처음인 듯싶다. 동지를 만난 기분이었다.

칼 야스퍼스는 그의 저작 『실존철학(Exisitenzphilosophie)』에서 "얼치기 철학은 현실을 떠나지만, 진정한 철학은 현실로 돌아온다"는 말을 한다. 철학을 잘 모르면 철학과 현실을 서로 분리된 것으로 보지만, 철학을 제대로 알면 철학이 곧 현실이고 현실이 곧 철학임을 안다는 뜻이다.

우리는 보통 철학이나 문화나 예술 자체가 현실임을 알기 어렵다. 철학이나 문화나 예술은 항상 구체적인 현실 너머의 어떤 것, 여분의 어떤 것, 시간이나 경제적 여유가 있을 때 향유하는 어떤 것으로 치부된다. 철학이나 철학의 친구들을 현실과 분리된 것으로 본다.

  왜 그럴까? 그것은 우리가 철학적 레벨에서 작동하는 시선으로 우리의 삶을 꾸려 본 기억이 없기 때문일 것이다. 철학적 레벨에서 작동하는 시선이란 어떤 것인가?

  1990년 나는 중국 유학길에 올랐다. 서른두 살에 처자식을 놔두고 국교도 수립되지 않았던 중국에 가기로 한 결정은 참 무모했지만 몸과 마음이 저절로 움직이던 때였다. 다행히 2년 뒤 국교가 수립되었는데, 국교 수립 이전에도 많은 한국인들이 사업차 중국을 방문했다. 돈길을 찾아온 사업가들뿐 아니라 검찰이나 법원 같은 곳의 공무원들도 꽤 많았다. 당시는 중국어를 배우는 한국인이 별로 없던 터라 통역 아르바이트를 했다.

  내가 통역을 맡은 일행들은 대체로 사회지도층 인사들이었는데, 한 명의 예외 없이 나에게 공통적으로 요청한 길 안내가 있었다. 그 부탁인즉, 하루 일정을 마치고 나서 저녁이 되면 좋은 가라오케에 데리고 가 달라는 것. 그래서 나는 가난한 학생 신분이었음에도 북경 시내에 있는 가라오케를 샅샅이 꿰뚫게 되었다.

  이렇게 한·중 통역을 하다 보니 나의 '알바 시장'이 확대되었다. 나는 영어 교육이 나름 탄탄했던 대학을 다녔고, 미군 부대에서 군 생활을 하면서 이래저래 주워들은 덕분에 영어를 조금 할 줄 알았다. 그래서 북미나 유럽 등지에서 온 이들의 중국어 통역 일도 더러 맡았는데, 한국인들 대상의 통역보다 수입이 서너 배 이상 좋았다. 사정이 그러하니, 나는 점차 서양인들 통역에 집중하고 한·중 통역은 뒤따라온 우리 후배들에게 양보하는 '아량'을 의도치 않게 베풀기도 했다.

서양 사람들도 일정이 끝날 즈음 내게 하는 공통적인 부탁이 있었다. 가라오케가 어디 있는지는 묻지 않는다. "혹 내일 시간이 되면 박물관이나 갤러리에 데려다 줄 수 있나요?" 내가 이들에게 가장 많이 받은 질문이기도 했다.

처음엔 '한국 사람들은 진짜 노는 걸 좋아하는구나. 중국까지 와서 가라오케를 가다니. 근데 서양 사람들은 역시 개인주의적이라 할 일이 끝나고 나면 개인 취미 생활을 하는구나' 그런 생각을 했다. 그러다 얼마 지나지 않아서 알게 되었다. 우리보다 앞선 나라의 사람들은 돈길을 찾아서 박물관이나 갤러리를 가고, 한국 사람들은 돈길을 찾아서 가라오케에 간다는 것을 말이다.

가라오케에서 돈길을 찾는 건 비교적 쉽게 이해할 수 있다. 한국도 그렇지만 중국에서 벌이는 사업도 인맥이 중요하니까. 그런데 박물관이나 갤러리에 가서 어떻게 돈길을 찾을까?

여기서 높은 차원의 삶과 낮은 차원의 삶의 차이를 엿볼 수 있다. 높은 차원을 사는 사람들은 박물관이나 갤러리를 일상처럼 가지만 그렇지 않은 사람들의 일상에는 그 일들이 자리하지 않는다. 여행사를 운영하는 친구에 따르면, 우리나라 사람들은 유럽 단체여행의 조건 중 하나로 '박물관 들르지 않기'를 요구하기도 한다고 한다. 반면 선진국 사람들의 여행 코스에는 박물관이 필수라고 한다.

막상 박물관에 가더라도 감상법은 각각 다르다. 어떤 사람들은 박물관에 가면 유물 한 점 한 점을 보면서 감탄한다. "우와, 요거 산뜻하니 좋은데! 옛날에도 이런 게 있었다니! 이건 뭐, 지금 써도 되겠는걸!" 등등. 이렇게 하나하나를 보며 감탄하는 일로 감상을 마친다면, 아직 철학적 시선의 입구에 도달하지 못한 것이다. 반면 그보다 나은 감상법을 운용할 줄 아는 사람들은 유물 하나하나보다 그것들을 연결하고 있는 동선, 즉 인간이 그리는 무늬(人文)에 집중한다.

유물들은 만져지고 눈에 보이지만 각 유물들을 연결하고 있는 인간의 동선은 눈에 보이지 않고 만져지지 않는다. 눈에 보이는 것을 보고 만지는 것, 이것을 우리는 인지 능력이라고 한다. 한편, 눈에 안 보이는 것을 읽을 수 있는 능력, 이것을 지성적 능력이라고 한다.

자, 이제 생각해 보라. 중국인들의 동선, 즉 중국인들의 움직임을 보고 만든 돈길이 크고 넓겠는가? 유물 하나하나를 보고 만든 돈길이 크고 넓겠는가? 지성적 능력으로 세계를 마주하는 사람과 인지적 능력만으로 세계를 마주하는 사람 가운데 누가 더 높고 넓을 수 있겠는가? 누가 이끌고, 누가 따라가겠는가?

박물관에 가는 일 자체가 일상이 되지 못하고, 매우 '고상한' 일로만 치부된다면 이는 철학과 현실을 분리된 것으로 보고 있다는 것을 은연중에 드러내는 일이다. 얼치기 철학이기도 하다.

박물관 가는 일이 일상의 한 부분이 되는 것부터 철학적 시선은 겨우 시작된다.

철학적 시선에서 박물관을 감상한다는 것은 하나하나를 보는 일이 아니라, 박물관 전체를 하나의 풍경으로 놓고 눈앞에 펼쳐진 다양한 유물을 남긴 사람들이 드러내 보여주는 '동선'을 읽는 일이다. 유물들이 시간적 흐름 속에서 연결되어 나타나는 무늬, 즉 '인간이 그리는 무늬'를 보는 것이다. 한국 박물관에서는 한국인들의 동선을 읽고, 중국 박물관에서는 중국인들의 동선을 읽는다.

유물은 눈에 구체적으로 보이지만, '인간이 그리는 무늬'나 '동선'은 눈에 보이지 않는다. 그것은 지성의 힘으로만 잡을 수 있다. 철학적 시선은 바로 지성적 시선이다. 철학을 지성과 친한 학문, 즉 필로소피philosophy라고 부르는 이유다.

지성적 레벨에서 즉 철학적 시선에 잡힌 동선을 따라 끌고 가려는 의지가 바로 창의력이다. 이 힘이 만들어 낸 결과가 바로 '선진'이고 '선도'고 '일류'다. 이런 일련의 과정이 적극적으로 작동되는 국가가 선진국이다. "철학이 국가 발전의 기초다"라는 말을 잘 들어 보지 못한 것은 선진국을 운영해 본 기억이 없기 때문이다. 지성적 레벨의 시선을 현실 속에서 구체화해 본 기억이 없기 때문이다.

우리가 선진국을 희망한다면 반드시 이 '인간이 그리는 무늬'를 읽을 수 있는 능력을 가져야 할 것이다. '인간이 그리는 무늬'

를 읽는 능력이 갖춰지지 않으면, 창의도 어렵고 상상도 어렵고 선도나 선진도 힘들어진다. 바꾸어 말하자. 철학적 시선으로 현실을 지배하고 관리해야 한다. 우리가 한 단계 올라서서 나아가야 할 길은 결국 철학이 우리의 의자가 되는 길이다.

진리냐 전략이냐

이것은 아주 피상적인 경험과 느낌에 불과할 수도 있다. 중국에서 문화나 인문학 방면의 일을 할 때, 돈이 없어 일하기 어려운 적이 별로 없었던 것 같다. 물론 콘텐츠가 부실하거나, 아니면 다른 주변부 이유들로 지지부진하게 진행되는 것을 본 적은 있다. 철학이나 사상을 다루는 인문학 방면의 학회에 기업인들이 기꺼이 후원하는 모습을 보는 일이 전혀 어렵지 않다. 물론 내가 관계하던 일이나 내가 본 것만 특히 더 그랬을 수도 있다. 그래서 나는 이 글을 피상적인 경험에서 출발한 것이라고 말할 수밖에 없다.

하지만 중국은 혁명을 해도 '문화文化'로부터 출발한다. 거칠었던 그 혁명도 이름은 '문화혁명'이다. 경제가 일정 궤도에 오르고 나서 문화나 철학 등의 방면에 대한 투자와 지원은 더욱 활발해지고 있는 것이 사실이다. 거의 모든 지방이 각자 가지고 있는 인문적 자산을 '얘깃거리'로 만들어 관광 상품으로 만들거나 그 지방 자부심의 근거로 만들기도 한다. 이런 투자가 '아래'의 '요구'에 의한 것이라기보다 국가가 먼저 주도한다는 점이 눈에 띈다. 문화나 철학에 대한 투자가 국가의 건강한 발전에 매우 당연한 것이라는 사회적 합의가 전통적으로 존재하고 있다는 인상을 준다.

물론 여전히 피상적인 느낌이지만, 한국에서 '문화'나 '철학'을 대하는 태도는 중국의 그것과 조금 다르다. 한국에서는 문화 관련 일을 할 때, 국가나 사회로부터 적극적인 지원을 받기가 그리 쉬운 일이 아니다. 지원이 있다 해도 항상 찔끔찔끔 받을 뿐이다. 문화나 인문에 대한 근본적인 인식이 정말 있을까? 나는 "없어 보인다"라는 대답을 하는 데 주저함이 없다.

왜 이렇게 되었을까? 물론 이런 차이가 정말 존재하는지에 대하여 내 스스로 본격적인 연구를 한 것은 아니지만, 만일 있다고 한다면 왜 그럴까? 그냥 그런 차이가 있다는 것을 전제로 하고 말해 보자.

내가 보기에 중국은 우리보다 '문화'나 '인문'의 가치를 더 잘 알고, 우리는 더 모르기 때문이다. 이 말은 이상하게 들리기 쉽다. 우리가 중국보다 경제적으로나 문화적으로 더 세련미를 갖추고 있는 것으로 보이기 때문이다. 하지만 우리가 가지고 있는 세련미는 아직 '전략적'으로 완숙되지 않았다. 문화나 인문을 말하면서 '전략'이라고? 점점 더 이상해진다. 이제부터 내 이야기는 시작된다.

진정한 철학은 현실로 돌아오지만, 얼치기 철학자는 철학의 세계가 따로 있다고 생각한다. 이것은 마치 관념의 세계가 진리의 형식으로 존재한다고 믿는 것과 같다. '봄'이라는 개념이 잘 소통된다고 해서 '봄'이 실재성을 가지고 존재한다고 생각해 버리는 것과 같은 일이다. '봄'은 없다. 땅이 온기를 품어 느슨해지고, 얼음이 풀리고 새싹이 돋는 '사건'들의 묶음을 '봄'이라고 부를 뿐이다. '봄'이라는 개념에 빠지면 애석하게도 진짜 '봄'을 잃는다.

세계를 보는 시선이 높은 사람은 '봄'이라는 개념을 사용하면서도 사실은 '봄'을 구성하는 사건들을 느낀다. 그런 각각의 사건들이 진짜지 개념으로서의 '봄'이 진짜라고 생각하지 않는다. 그렇지 않은 사람들은 '봄'이라는 개념을 이야기해야 진짜 '봄'을 이야기하는 것으로 여긴다. 가변적 구체성이 진실인데, 추상적 보편성을 진실로 착각하는 것이다.

흔히들 '문화'나 '인문' 혹은 '철학'의 영역이 현실과 유리되어 좀 더 고상한 옷을 입고 초월적 세계에 있는 것으로 착각한다. 착각이 도를 넘어 그래야 하는 것으로 믿는다. 그래서 국가 경영이나 일상생활과는 차원이 다른 어떤 것으로 치부해 버린다. 이런 태도에서는 국가 경영이나 경제를 이야기하면 철학적이거나 예술적이지 않은 것으로 간주된다. 그러면 이런 것들은 모두 '일부러' 혹은 '일삼아서' 해야 하는 것이 되어 버린다.

하지만 문화나 인문 혹은 철학은 그 자체가 현실이다. 삶이거나 역사다. 다만 '문화적'으로나 '인문적'으로 혹은 '철학적'으로 표현되었을 뿐이다. '인문적 활동'을 통하여 스스로의 '인문'을 건축하는 데 미숙한 사람이나 국가는 외부에서 이미 체계화된 '인문'을 수입하는 데 급급하다. 수입에 급급한 쪽은 수입품을 최고의 물건이라고 광고하지 않을 수 없다. 수입품으로 시장을 지배하려 하지, 독자적인 시장을 형성하여 대체품을 만들려는 노력을 하지 않는다. 독자적인 물건으로 채워진 시장을 갖지 못하는 민족은 항상 수동적인 삶을 살 수밖에 없다. 피지배의 가능성에 항상 열려 있다.

문제는 '인문'을 국가 전략이나 일상생활과 연동되어 있는 것으로 볼 수 있느냐 없느냐 하는 것인데, 우리가 그렇지 못하다면 왜 그럴까? 또 연동해서 하나의 틀로 볼 수 있는 나라는 또 왜 그렇게 되었을까? 그것은 선진국이 되어 본 적이 있느냐 없느냐 혹은 제국을 운용해 본 경험이 있느냐 없느냐와 밀접하게 연관된다. 중국과 한국에서 그런 차이가 나타난다면, 그 이유는 분명히 중국은 선진국을 운용해 보았을 뿐 아니라 제국을 운용해 본 경험이 있고, 한국은 그렇지 못하다는 데 있다.

'인문人文'은 '인간이 그리는 무늬'다. 인간이 세계에서 활동하는 결을 가장 근본적이고도 종합적으로 보여주는 일이다. 제국의 시선은 중진국이나 선진국을 훨씬 넘어서서 전체 세계를 관리할 능력이 있어야 가능하다. 그런 종합적인 시선은 '인문'적 내용에서 선명하게 표현된다. '문화'가 세계 변화의 흐름을 보여준다는 것을 알지 못하고, '인문'이 세계 변화의 결을 보여준다는 것을 알지 못한다면, 그 변화의 핵심에 도달할 수 없다. 변화의 핵심적 내용이나 방향을 모르고서 역사나 문명을 주도한다? 안 되는 일이다.

'문화'의 내용이나 '인문'의 내용을 생산하는 나라에서는 그것들이 그들 삶의 '전략'으로 등장한 것인데, 수입한 사람들에게는 그것이 매우 고상하고 초월적이며 순수한 보편성을 갖춘 구조물로 둔갑한다. '전략'이 '진리'화 해버리는 것이다. 한 번 주도권을 놓치면 회복하기 힘든 점이 바로 여기에 있다. 생산자들은 이미 지난 것으로 치부하고 버린 '전략'마저도 '진리의 이념'으로 숭앙하면서 '이념'적 갈등을 벗어나지 못하고, 국가 전체를 비효율로 끌고 가는 그 잘난 사람들은 '미학'도 '정치'임을 알 리가 없다.

2013년 방한한 리샤오린 중국인민대외우호협회 회장을 접견한 박근혜 대통령은 인문 교류 확대를 특별히 강조했다고 한다. '인문'이라는 같은 단어를 쓴다고 해서 같은 '인문'이 아니다. 중국은 '인문'도 '전략'이었던 경험을 핏속에 담고 있는 나라다. 중국은 인문 생산국이었다. 우리는 인문 수입국이었다. 자! 어떻게 할 건가?

정치란 너의 혀를 굽히지 않는 것

중국에서 처음 통일을 이룬 사람은 진시황이다. 그는 인류 역사상 최초로 중앙집권 관료체제를 확립한다. 인류 최초의 근대형 국가다. 진시황이 만든 제도의 다양한 변주로 중국은 지금까지 살고 있으니, 참으로 위대한 업적이다.

진나라는 원래 강국이 아니었다. 주변의 위·제·초 나라에 비해 국력이 약했으며, 심지어는 위나라에 영토를 뺏긴 적도 있다. 이런 약소국이 강국으로 변신할 수 있었던 것은 다른 나라들에 비해서 비교적 빨리 제도 개혁에 성공했기 때문이다. 제도를 시대에 맞게 개혁하는 데에 성공해야 나라는 효율성을 발휘한다. 진나라가 그 일을 해낸 것이다. 시대가 달라짐에 따라 제도를 달리하고 비전을 달리해 나가야 하는 것은 국가 경영의 핵심이다.

진시황 출현 수백 년 전인 춘추시대 말기부터 중국은 급격한 변화에 휩싸인다. 아마 이런 정도의 근본적이고 전면적인 변화는 세계 어디서도 찾기 어려울 것이다. 철기가 산업에 투입되면서 생산 방식이 달라지자 사회를 주도하는 계급에 변화가 생긴다. 주도 계급이 달라지니 정치제도도 달라져야 했다. 나라 형태에도 변화가 요구되었다. 규모가 작고 개수는 많은 나라들로 되어 있던 중국 천하가 규모는 커지며 개수는 줄어드는 방향으로 변화해 나간 것이다. 개수가 줄어들고 줄어들다 '하나'로 된 것이 바로 진시황의 통일이다. 다른 나라들도 제도 개혁, 즉 '변법'의 필요성을 느끼고는 있었지만 과거 세력들의 저항 때문에 신진 세력이 순조롭게 등장하지 못했고, 결국 그들의 시도는 성공하지 못했다. 이 와중에 다른 나라보다 먼저 변법을 성공시킨 나라가 진나라였고, 그 효과로 최초의 통일 국가를 이루었다.

진시황의 통일을 언급할 때는 그가 등장하기 전에 이미 변법을 성공시켜 놓은 상앙商鞅의 업적을 빼놓지 못한다. 상앙은 위衛나라 왕의 서자로 태어났으나 등용되지 못하자 또 다른 위魏나라로 건너간다. 그곳에서도 실패하자, 당시 인재를 적극적으로 초빙하기 시작한 진나라로 건너가 등용되어 당시 왕인 효공孝公의 신임 아래 제도 개혁에 적극적으로 나선다.

그런데 상앙이 변법에 나서면서 마주친 가장 큰 문제는 백성들이 국가의 정책을 믿지 않는다는 사실이었다. 신뢰를 회복하지 않고는 어떤 정책도 효과를 낼 수 없다고 판단한 상앙은 하나의 묘책을 낸다. 성의 남문에 석 자 길이의 장대를 세워 놓고 방을 붙였다. "이 장대를 북문으로 옮겨 세운 자에게는 황금 열 덩어리를 상으로 준다!" 방을 보고도 누구 하나 믿는 사람이 없었다. 이에 상앙은 상금을 다섯 배로 올린다. 그러자 어떤 사람이 장대를 북문으로 옮겨 세웠다. 상앙은 즉시 황금 50덩어리를 상으로 준다. 자기가 한 '말(言)'을 그대로 지켜 국가의 '신뢰'를 회복한다. 장대를 옮겨 세우는 하찮은 일로 국가의 신뢰를 얻었다. 말을 살린 것이다.

신뢰는 근본적으로 말에 대한 신뢰다. 특히 정치는 모두 말로 이뤄진다. 고대 그리스에서도 말을 주로 하는 연설가라는 뜻의 '레토르rhetor'가 정치가라는 뜻으로 통용되었을 정도로 정치와 말은 서로 포함관계에 있다. 사정이 이러하니 국가 개혁의 성공 여부는 말에 대한 신뢰가 좌우한다. 적어도 정치인은 국민에게 원칙이라고 공표한 말만큼은 제대로 지켜야 한다. 기능적인 승패에만 집중하면 자기가 한 말을 무겁게 여기지 않게 된다. 말보다 눈앞의 기능이 더 커 보이는 것이다.

정치는 말이고 정치공학은 기능이다. 그래서 말을 놓치면 정치공학에 빠져 기능적인 승패에 갇힌다. 그리고 결국에는 말을 지키지 못한 자신을 정당화하는 비굴한 논리 속으로 빠진다. "우리는 그래도 다른 사람보다는 덜하다"고 하거나, "나만 그런 것이냐"고 하거나, "너는 더 심했다"고 하는 식이다. 비굴한 논리로는 구태를 벗어나기 힘들다. 그러면 겉으로는 무척이나 다른 일을 하는 것처럼 보일지 몰라도 사실은 같은 수준에서 처지만 바뀐 것일 수 있다.

국가 발전은 같은 수준에서 처지만 바뀌는 일로는 보장되지 않는다. 조금이라도 상승하기 위해서는 자신만의 고유한 말과 비전에 매진해야 한다. 말을 그 이전과 다르게 다루지 않고는 정치가 달라지지 않는다. 말에 대한 다른 태도만이 다른 정치를 기약한다. 굳이 다른 것을 하려 애쓰지 마라. 우선은 자기가 한 말만 지켜라.

친구를 기다리지 마라

건명원建明苑은 갑작스럽게 여러 뜻이 모여 시작되었다. 뜻은 여럿이었지만 의기투합의 이유는 같았다. 시대의 답답함을 느꼈기 때문이다. 시대의 한계를 느꼈기 때문이다. 우리는 지금 시대를 건너가야 하는 시점에 와 있다. 모든 것에 답답함을 느끼고 아직 오지 않은 미래를 끌어당겨야 하는 시점에 와 있다. 한 나라가 발전했다는 것은 무엇을 의미할까? 시대가 요구하는 문제와 그것을 해결하려는 노력이 일치했다는 뜻이다.

오늘 우리는 눈에 보이지도 않고 손에 잡히지도 않는 거대하고 투명한 벽 앞에 서 있다. 이 벽을 어떻게 건너뛰고 넘을 것인가를 궁리하고 또 시도하는 일이 시급하다. 곧 시대를 건너고 돌파하는 일이다. 그렇다면 누가 시대를 돌파할 수 있을까? 문제의식을 포착한 지성인들에 의해서만 가능하다.

 묻겠다. 지성인은 무엇을 하는 사람일까? 알고 있는 것을 바탕으로 하여 모르는 곳으로 넘어가려고 용기를 발휘하는 사람이다. '나'에게 갇힌 생각을 '우리'까지 확장시킬 수 있는 사람이다. '여기'에 있던 나를 '저곳'으로 끌고 가려는 사람이다. 보이고 만져지는 곳에서 안 보이고 만져지지 않는 곳으로 옮겨 가려고 몸부림칠 수 있는 사람이다. 이미 있는 익숙한 것을 지키는 사람이 아니라, 그 익숙함에서 과감히 이탈하여 아직 열리지 않은 어색한 곳으로 건너가려고 발버둥 치는 것, 그것이 지성인의 율동이다.

 새로운 시도를 감행할 때 새로 열릴 그곳을 갈망하며 꿈꾸는 힘을 상상력이라고 한다. 그리고 그 상상하여 얻은 새 꿈을 용기 있게 붙잡는 힘을 창의력이라고 한다. 상상력과 창의력으로 무장해야 하는 이유는 우리 앞을 막아선 그 투명한 벽을 넘을 때 반드시 요구되는 역량이기 때문이다.

 그런데 우리는 지적知的으로 혹은 지성적으로 성숙해 가고 있을까? 정해진 이론과 정해진 시스템을 지키는 지적 고착성 안에 갇힌 건 아닐까? 젊은 지성으로서 이미 있는 모든 것에서 불편함을 느끼지 않고, 오히려 편안해 한다면 지적 고착성 안에 갇힌 것이 분명하다. 익숙한 과거의 방법을 계속 고집한다면 새로운 결과를 기대할 수 없다. 새로운 결과, 즉 새로운 비전을 발견하고 실행하려면 우선 익숙한 과거와 결별하려는 과감성을 발휘해야 한다. 결국 지성인은 자신만의 새로운 눈으로 시대를 읽는 사람이고, 자기가 읽어 낸 시대의식에 책임성을 가지고 헌신하는 사람이다.

시대의식을 장악한 사람, 시대에 헌신하려는 사람, 시대를 건너가려는 지식인 가운데 어떤 이는 지식으로 이것을 해결할 수 있다고 생각하기도 한다. 천만에, 절대 그렇지 않다. 시대의식이 자기가 되지 않는 한, 자기 내면이 되지 않는 한, 우리가 하려는 많은 시도는 소란만 피우다 말 가능성이 크다. 우리는 역사 속에서 숱한 경험을 했다. 왜 예술을 꿈꾸는 사람이 예술가가 되지 못하는가. 이유는 하나다. 그 사람의 내면이 예술성을 폭발시킬 함량으로 단련되어 있지 않기 때문이다. 그 사람이 예술적이라면 예술은 절로 피어난다.

나에게는 한 가지 간절한 기다림이 있다. 단 한 명이라도 가장 근본적인 면에서 철저하게 자신에게 진실한 사람, 자기가 꿈꾸는 그것이 바로 자기 자신인 사람을 만나는 것이다. 나도 나 자신에게 그 정도로 정련된 나를 만나게 해주려 부단히 애쓰고 있다. 그런 사람은 세계를 바꿀 수 있다. 우리는 바로 세계가 되어야 한다. 그러면 세계를 감동시켜 변화를 도모할 수 있다. 그 꿈이 자기가 되지 않은 사람, 꿈이 머리와 입에만 있는 사람은 그 꿈을 절대 이룰 수 없다. 시대의식을 장악하고 헌신하는 사람, 지적인 삶을 거기에 바치려는 사람은 시대의식이 곧 자기가 되는 사람이다.

그 사람을 그 사람이게 하는 힘, 여분의 것과 잉여의 것을 모두 제거하고 남는 자신만의 고유한 동력을 덕德이라고 한다. 공자도 "덕불고, 필유린德不孤, 必有隣"이라 하지 않았던가. 덕이 있는 사람은 반드시 동조자가 있기 마련이다. 이웃이 있다. 그러나 동조자를 기다리진 마라. 친구를 기다리지 마라. 우선 자기가 자기에게 친구면 족하다. 자기가 자기에게 동조자면 충분하다. 동조자를 꿈꾸는 자기와 동조자가 찾아오길 바라는 자기가 일치하면 반드시 감화력과 설득력이 생긴다. 가장 중요한 것은 자기가 포착한 그 시대의식으로 자기가 되어 있는가 하는 것이다.

나는 철이 들고 나서 소소한 한 가지를 깨달았다. 옛날부터 때때로 듣던 말 가운데 하나가 그냥 하는 말이 아니라 진짜로 사실이라는 것을 알게 된 것이다. 바로 "공부 잘하고 못하고가 대수냐. 먼저 사람이 되어야지"라는 말이다. 예전엔 나처럼 공부 잘 못하는 사람을 그냥 위로하는 말인 줄만 알았다. "공부는 못하지만 넌 사람이 좋잖아"라는.

그런데 요즘에는 이 말을 굉장히 깊이 느낀다. 공부를 하는 사람 가운데서도 왜 어떤 사람은 그냥 일반적인 학자고, 어떤 사람은 지성사에 이름을 남길 정도까지 올라설까? 왜 어떤 군인은 형식적으로 근무하는데, 어떤 군인은 목숨을 바치는 헌신성을 발휘할까? 결국 그 사람의 내면과 함량이 어떠한가가 관건이다. 곧 사람이 문제다. 이 세상의 거의 모든 문제는 그 사람의 문제다. 그 사람이 어떻게 되어 있는가가 그 사람의 지성적인 높이를 결정한다. 또한 삶의 수준과 시선의 고도를 결정한다.

우리는 지금 시대의 벽 앞에 서 있다. 그러나 시대의 벽을 돌파하려는 결기를 갖춘 사람이 결집되지 못하고 있다. 나는 건명원에 모인 이들이 가벼운 지적 체계를 숭배하는 사람으로 남지 않기를 바란다. 학습된 진리를 수행하는 사람으로 머물지 않기를 바란다. 있어 본 적이 없는 진리를 건설하려는 도전을 감행하라. 사람이 되는 문제에 집중하라. 내가 정말 나인가 하는 근본적인 질문을 계속 던져 보라. 이에 대답하면서 시대를 직시하는 지성의 활동성을 강하고 질기게 발휘하기 바란다.

나에게는 한 가지 간절한 기다림이 있다.
단 한 명이라도 가장 근본적인 면에서
철저하게 자신에게 진실한 사람,
자기가 꿈꾸는 그것이 바로
자기 자신인 사람을 만나는 것이다.
나도 나 자신에게 그 정도로 정련된 나를
만나게 해주려 부단히 애쓰고 있다.
그런 사람은 세계를 바꿀 수 있다.
우리는 바로 세계가 되어야 한다.
그러면 세계를 감동시켜
변화를 도모할 수 있다.
그 꿈이 자기가 되지 않은 사람,
꿈이 머리와 입에만 있는 사람은
그 꿈을 절대 이룰 수 없다.
시대의식을 장악하고 헌신하는 사람,
지적인 삶을 거기에 바치려는 사람은
시대의식이 곧 자기가 되는 사람이다.

투명한 벽

 2015년 1월 중국 선전深圳에 다녀왔다. 선전대 국학연구소에서 '경전과 경학 그리고 유가 사상의 현대적 해석'이라는 주제로 주최한 국제학술대회에 참석하기 위해서였는데, 중국을 포함한 10여 개국에서 학자 130여 명이 참석하고 논문 110여 편이 발표된 대형 회의였다. 국내외 모든 학자들에게 항공료 등의 교통비, 5성급 호텔에서의 숙식이 제공됐다. 대학의 한 연구소에서 그런 규모의 예산을 쓰는 기획을 하고, 또 일사불란하게 진행하는 일을 벌써 4년째 하고 있다는 사실에 놀라지 않을 수 없다.
 문제는 이런 규모의 학술행사가 단지 선전대에만 국한되지 않고 중국 전역에서 다른 내용으로 적지 않게 개최된다는 사실이다. 또 하나 관심이 가는 부분은 이런 학술행사가 열리면 그 지역 언론에서 어떤 학술행사가 열렸다는 사실을 단신으로 보도하는 것이 아니라 주제는 무엇이었으며, 그 주제가 현재 중국 사회에 제기하는 의미가 무엇이며, 어떤 의미 있는 논문이 발표됐는가 하는 점들을 심층적으로 다룬다는 점이다. 학술이 직접적으로 민간과 소통된다는 증거다. 중국인들이 철학적 레벨에서 자신들이 걸어야 할 길의 방향을 감지하려고 노력하는 것이다. 부러웠다.

이 정도 규모의 철학 학술대회가 중국에는 상당히 많이 열린다. 그것도 대학 단위에서 하는 것이 아니라 대학 안에 있는 연구소 단위에서 한다. 우리나라에서 이 정도의 학술대회를 정기적으로 열 수 있는 연구소는 없다. 대학도 없고 지방자치단체도 없다. 나라에서도 하지 않는다. 시선의 높이가 다르기 때문이다. 우리는 아직 그 정도의 시선을 갖지 못했다. 문화와 철학과 예술을 어떻게 다루는가가 그 나라가 어느 높이인가를 증명한다.

선전은 중국 개혁개방을 상징하는 대표적인 도시다. 중국의 개혁개방은 1978년 중국공산당 3중전회에서 '중국 특색이 있는 사회주의 건설'을 표방하면서 시작되었고, 바로 그 2년 후에 선전을 포함한 4개의 경제특구가 지정되면서 구체적인 발걸음을 내디뎠다. 특히 개혁개방의 총설계자였던 덩샤오핑은 1992년 1월에서 2월 사이에 남순강화南巡講話를 함으로써 개혁개방을 더욱 과감히 실시해야 한다고 역설했는데, 이때 '사회주의 시장경제'라는 표어로 분명한 방향을 제시했다. 이때도 선전이 주요 방문지였다.

이처럼 선전은 중국의 개혁개방을 상징하는 대표적인 도시다.

중국 개혁개방의 핵심 내용은 무엇인가. 바로 시장경제, 즉 경제 발전이다. 다시 말하면, 선전은 중국의 현대적 경제 발전 과정을 대표적으로 상징하는 도시다. 선전은 그래서 현대 중국을 읽는 주요 교재가 아닐 수 없다. 그런 도시에서 철학적 논의가 활발하게 시작됐다.

우리 주위에는 "우물쭈물하다가는 곧 중국에 추월당한다"라고 하는 사람들이 아직도 있는데, 시절 모르는 한가한 소리다. 선전이나 상하이上海에 가 보시라. 서둘러 중국을 따라가려는 노력을 해야겠다는 생각으로 바뀌지 않는다면, 객관적 시각을 상실한 사람이 분명하다. 경제는 그렇다 치더라도 도시 관리나 질서 의식이나 문화 수준은 아직 아니라고 하는 사람도 있다. 혹시 그러기를 바라는 것은 아닐까? 왜? 사실은 그런 것들도 우리보다 이미 나아졌기 때문이다. 선전에 가 보면 알 수 있다. 선전은 경제 발전의 상징 도시지만, 문화력으로 한 단계 뛰어넘으려는 시도를 서로 힘을 합쳐 구체적으로 진행하고 있었다.

문화는 기실 세계와 삶이 가장 높은 차원으로 구현되는 일이다. 문화적 시선은 전술적 차원을 넘어서 전략적 차원으로 개안할 수 있게 해준다. 철학이니 문화니 인문학이니 예술이니 과학이니 하는 것들이 중요하다고 하는 이유가 바로 우리를 더 높은 차원으로 끌고 가기 때문이다. 그런 차원에서 움직이는 시선의 작동으로 태어나는 것들이 창의성이고 창조력이고 선도력이다.

선진하는 능력의 원천인 것이다.

  선진국에서 만든 길을 따라가면서 경제를 일구어 어느 정도의 부를 누리는 단계가 중진국이다. 그런데 이 중진국이 나름대로 이룬 경제적 성취를 한 단계 상승시켜 새로운 경제적 구조, 즉 선도력을 가진 경제력으로 도약시키지 못하면 우왕좌왕할 수밖에 없는데, 이 우왕좌왕은 정치나 교육이나 사회 등의 모든 분야에서 극단적인 갈등과 혼란으로 노정된다. 비효율만 양산한다. 투명한 벽 앞에 서서 길을 찾지 못하고 이리 부딪치고 저리 부딪치는 형국. 지금 우리의 모습이 아닐까.

  자, 이제 철학이나 문화가 왜 필요한지를 알게 됐다. 우리는 어떠한가. 깊은 반성이 필요하다. 정해진 틀에서 하는 반성이 아니라, 전술적 차원에서의 궁리가 아니라 이제는 철학적이고 문화적인 전략적 차원으로 시선이 상승해야 한다.

  부럽고 두려운 마음을 가진 채 귀국길에 올랐다. 선전공항은 공항이 아니라 예술품이었다. 그런 수준의 구조물을 들락거리며 느끼는 승화된 정서를 가진 사람들이 만들어 낼 사회는 상승할 것이 분명하다. 공항 내부에 세워진 구호에 그 상승의 기운이 충분히 드러났다. '문화중국, 창의선전.' 놀람은 여기서 마무리됐고 서울로 머리를 돌린 나의 생각은 수만 갈래로 복잡해졌다.

공부의 배신

A씨는 캐나다에서 대학을 다니는 아들을 만나러 갔다가 아들 방에서 낮은 점수를 받은 답안지들을 발견했다. 답답한 마음으로 그 답안지들을 대충 훑어보았는데, 자기가 보기에 그렇게 못 쓴 것 같지는 않았다. 물론 그 전공 분야의 학식을 갖추지 못해서 확신은 하지 못하더라도 일단 양적으로는 충분하게 기술된 것으로 보였다. 애석하게도 점수는 매우 낮았다. 그런데 낮은 점수 표기 옆에는 모두 붉은 글씨로 담당 교수의 지적 사항이 적혀 있었다. "당신의 의견은 무엇입니까?" "당신의 생각은 무엇입니까?" 교수는 학생 본인의 의견이나 생각이 반영되어 있지 않기 때문에 점수를 낮게 줄 수밖에 없었다고 말하고 있었다.

아들에게 말했다. "여러 장의 답안지에 모두 같은 지적 사항이 있는데, 왜 그것을 고치지 못했느냐?" 아들이 답했다. "내 생각을 쓰라고 한 것은 알고 있습니다. 그런데 아버지, 내 생각은 어떻게 하는 거예요? 난 내 생각을 못하겠어요." 아연실색할 수밖에 없었지만 A씨는 이내 자신의 아들이 매우 솔직한 모습을 보이고 있다는 것만큼은 알 수 있었다.

『공부의 배신』을 쓴 윌리엄 데레저위츠는 어떤 주립대 분교의 교수가 자신의 학생들이 스스로 생각할 줄 모르는 것을 불만스러워하자 자신이 가르치는 예일대 학생들은 스스로 생각하는 법을 알지만, 그것도 교수가 원하기 때문에 그렇게 하는 것뿐이라고 말해 준다. 똑똑한 학생들은 스스로 생각하는 것조차도 학습해 버리는 것이다. 스스로 해낸 자신만의 생각조차도 자신의 생명력에서 분출시키기보다 외부의 요구에 맞추는 훈련의 결과가 되어 버릴 수 있다.

외부의 요구나 간섭 없이 오로지 자신에게서만 나오는 것이 스스로의 생각일 수 있다. 이것만이 창의적 결과를 보장한다. 자신의 생각도 사실은 자신이 의도적으로 해내는 것이라기보다는 자신에게서 튀어나오는 것이라고 보는 것이 옳겠다. 자신이 할 수 있는 것이라면 A씨의 아들도 의도를 가지고 맘만 먹으면 할 수 있어야 한다. 하지만 하려 해도 잘되지 않는 것이 자신만의 생각이다.

자신이 발동시킬 수 있는 것으로 대표적인 것이 바로 질문이다. 대답이 아니다. 대답은 있는 이론이나 지식을 먹은 후 누가 요구할 때 그대로 뱉어 내는 일이다. 이때 승부는 누가 더 많이 뱉어 내는가 혹은 누가 더 원형 그대로 뱉어 내는가가 결정한다. 대답하는 사람은 고유한 자기 자신으로 존재하기보다는 지식과 이론이 머물다 가는 중간역이나 통로로 존재한다. 질문을 한다는 것은 자신의 궁금증과 호기심이 안에서 요동치다가 계속 머무르지 못하고 밖으로 튀어나오는 일이다. 궁금증과 호기심은 이 세상 누구와도 공유되지 않는 오직 자신만의 매우 사적이고 비밀스러우며 고유한 어떤 힘이다. 결국 궁금증과 호기심이 자기 자신이다.

창의력이 화두다. 하지만 창의력도 자세히 보면 발휘할 수 있는 것이 아니라 발휘되는 것 혹은 튀어나오는 것이다. 창의력이 의도적으로 발휘하려고 해서 발휘할 수 있는 것이라면 내일부터라도 맘먹고 발휘해 버리면 될 일이다. 이렇게 하여 우리는 창의적인 국가도 만들 수 있을 것이다. 하지만 실상은 그렇게 쉽지 않다. 창의력도 사실은 발휘할 수 있는 것이라기보다는 발휘되는 것 혹은 튀어나오는 것이다. 어디서 튀어나오는가?

질문이 튀어나오고 창의력이 발출되고 하는 그곳은 지식이나 이론 혹은 기능이 작동되는 곳이라기보다는 궁금증과 호기심과 같이 무질서하고 원초적인 어떤 곳이다. 이론적이라기보다는 인격적인 어떤 처소다. 정해진 처소도 없는 오리무중의 어떤 힘일 뿐이다. 터전 같은 것이다.

'남귤북지南橘北枳'라는 말이 있다. 남쪽의 귤을 강 건너 북쪽에 심으면 탱자가 되어 버린다는 뜻인데, 주로 사람에게 삶의 환경이 얼마나 중요한가를 나타낼 때 사용하는 말이다. 심은 터전에 따라 탱자도 되고 귤도 된다. 지식도 어떤 사람에게는 족쇄이고 어떤 사람에게는 자유와 창의의 바탕이 된다. 이 터전이 문화다. 사람에게는 그것이 인격이다. 독립적 인격의 터전은 결국 궁금증과 호기심이다. 창의력이 필요하면 인격적 독립성과 자유로운 기풍을 제공하는 것이 우선일 것이다. 문화가 강조되는 이유다. 결국은 어떻게 궁금증과 호기심을 유지하는가다.

덕德에 대하여

 중진국 트랩에 갇혀 있는 우리에게는 지금 이 한계를 돌파해 선진국이라고 불릴 수 있는 단계로 상승하려는 의욕이 가장 필요하다. 훈고의 기풍으로 가득 찬 이 나라를 창의의 기풍이 넘치도록 바꿔야 한다. '따라 하기'를 벗어나 독립적인 과감성을 발휘해야 한다. 우리는 지식을 저장하고, 그것을 다시 되새김질하는 일에 몰두하기보다는 지식을 생산하고 지혜를 발휘하는 사람이 되어야 한다. 해도 그만, 안 해도 그만인 일이 아니라 반드시 해내야만 하는 일이다. 이것은 궁극적으로 우리의 생존을 좌우하는 일이기 때문이다.
 창의적 활동, 독립적인 과감성, 지식의 생산 등은 표피적인 답습이나 분석적인 비판으로 발휘되는 것이 아니다. 좀 더 근본적인 동력에서 나온다. 이 근본적인 동력이 발휘되어 지성적으로 일정한 높이와 흐름을 이루면 우리는 그것을 문화라고도 하고 철학이라고도 하고 예술이라고도 한다. 사마천은 궁극의 지배력은 재주가 아니라 덕에서 나온다고 말한다. 재주가 덕보다 승하게 작용되면(재승덕才勝德) 하급이고, 덕이 재주를 좌우하거나 재주가 덕이 발휘된 결과로 나타나면(덕승재德勝才) 상급이다.

문화나 철학이나 예술이 자신들이 응당 자리해야 할 높이에 있지 못하고 피상적인 잔재주에 가려지면 '재승덕'이고, 그것들이 본질적인 위치를 차지한 채 주동성을 획득하여 운전되면 바로 '덕승재'다. 우리에게 한 단계 상승이라는 말은 '재승덕'이 아니라 '덕승재'의 길을 간다는 뜻이다. 이제 우리가 갖추어야 할 근본적인 동력은 바로 '덕'이 아닐 수 없다.

덕은 인간이 인간 수준에서 인간으로서의 품위를 잃지 않을 수 있는 근거다. 인간을 인간이게 하는 근본 동력이자 자기 자신을 자기 자신으로 만드는 내면의 힘이다. 인격의 원천이다. 재주는 외부를 향하지만 덕은 자기 내면을 향하는 집요한 응시로 회복된다. 창의성이나 상상력 등은 발휘하는 것이 아니라 발휘되는 것이라고 할 때, 그것들이 발휘되는 인격적인 토대가 바로 덕이다.

이 '덕'이 작동되는 사람에게는 그 깊이로부터 우러나는 향기가 발산되고 그 향기가 감화력을 갖게 해준다. 그래서 공자도 "덕이 작동되는 사람은 혼자가 아니다. 반드시 그 향기에 감화되어 따르는 사람들이 있게 된다(德不孤, 必有隣)"고 하지 않는가. 그래서 '덕'이 있는 사람은 매력이 있고 그 매력이 강한 카리스마를 만들어 지배력을 갖게 한다.

어떻게 하면 덕이 준비될까? 증자曾子는 '신종추원愼終追遠'하면 덕이 아주 두터워진다고 말한다. 부모 장례식이나 조상에 대한 제사를 정성으로 치르면 '덕'이 두터워진다는 뜻이다. 인간의 가장 근본적인 동력을 두텁게 하는 일을 말할라치면 뭔가 추상적이고 위대한 명제가 나올 것 같은데 전혀 아니다. 아주 구체적인 일상의 일을 잘 관리하는 힘이 있으면 그것이 바로 덕의 표현이 된다.

구체적 세계와 그에 대한 접촉 수준이 그 사람이 어떤 사람인가를 드러낸다. 공자는 덕이 없다는 사실도 무슨 거창한 것이 아니라 '주위들은 소문을 여기저기 옮기고 다니는 것'과 같이 일상적인 구체적 행위로 증명된다고 본다. '덕'을 발휘하는 사람은 넓고 근본적이지만 재주를 발휘하는 사람은 대개 자신만의 신념이나 지적 체계에 갇혀 좁고 고집스럽다. 공자는 그런 사람을 '덕을 망치는' 향원鄕原이라고 했다. 좁다란 집단 내에서 형성된 단편적인 명성과 시각에 갇혀 자기를 끌고 가며 원래의 마음을 갖고 살지 못하기 때문에 이런 사람에게 덕은 항상 주변으로 밀려난다. 우리는 이렇게 되지 않도록 노력해야 할 뿐 아니라, 이런 사람들에게 휘둘려서도 안 된다.

인간의 근본적인 동력으로서의 덕을 가진 사람은 결국 인간으로서의 품위를 유지하는 사람이다. 이런 사람이 사회적으로 등장하면 비로소 '시민'이라는 칭호를 획득한다. 사회적 책임성을 다른 데서 따지지 않고 먼저 자기 자신에게서부터 구하는 사람이다. 남을 탓하거나 비판하기 전에 스스로를 먼저 돌아보는 민감성을 유지한다. 거대 이념을 향해 쏜살같이 내달리기보다는 우선 일상을 자기 통제권 안에서 지배한다. 쓰레기를 함부로 버리지 않는다. 경망스럽지 않고 진중하다. 덕을 가진 시민은 지적 민감성을 유지하고 있기 때문에 믿고 있는 이념을 설파하지 않고 구체적 세계에서 자신만의 고유한 문제를 발견한다. 이것이 위대한 일이고, 창의적 기풍의 출발점이다.

문자를 지배하는 사람 1

 우리의 전통적 감성을 높은 수준에서 승화하여 국민가수라는 칭호를 듣는 조용필 씨가 오랜만에 내놓은 19집 앨범에는 'Hello'라는 제목이 달려 있다. 대표곡 제목도 'Bounce'다. 국민가수마저도 오랜만에 발표하는 음반에 우리 문자가 아닌 영어로 된 표지를 걸어야만 하는 이 흐름은 과연 무엇일까.
 〈바른 말, 고운 말〉이라는 프로그램을 방영하는 방송사의 편성표에는 〈리얼체험〉도 들어 있다. 〈희망로드〉는 또 뭔가. 〈해피투게더〉, 〈해피선데이〉, 〈풀하우스〉, 〈오! 마이 베이비〉, 〈쿠킹코리아〉, 〈모닝와이드〉, 〈이슈 인사이드〉, 〈애니갤러리〉…… 다 나열하기도 힘들 지경이다. '희망의 길'보다 '희망로드'가, '행복한 일요일'보다 '해피선데이'가, '아이고! 내 애기야'보다는 '오! 마이 베이

비'가 더 좋게 보이고 더 좋게 들리도록 되어 버린 우리는 도대체 누구인가?

이 문자면 어떻고 저 문자면 어떤가. 재밌고 고급스러운 느낌을 주기만 하면 아무 문자나 써서 의사만 잘 통하면 되지. 이렇게 생각할 수도 있겠다. 하지만 '문자'는 그렇게 가벼운 것이 아니다.

인간은 이 세계에 대하여 생존을 도모하는 다양한 반응을 하면서 비교적 일관된 해석을 할 수 있는 활동을 한다. 그 활동을 '문화'라 하고 그 활동의 결과를 '문명'이라 한다. 그래서 인간은 가장 근본적인 차원에서 문화적 존재다.

문화적 존재로서의 인간의 전략과 사유가 정화되고 정화되어 '문자'로 남는다. '문자'는 단순히 기록을 하고 의사소통을 하는 기능적 도구로 취급될 것이 아니다. '문자'를 통해 '문화'와 '문명'은 비로소 그 나름대로의 독특한 구조를 형성하고 꽃을 피우고, 그 문자 소유자들의 삶의 양식과 격조는 '문자'를 통해 비로소 드러난다고 볼 수 있다.

일류 국가들은 문명의 방향과 정체를 들여다보고 거기서 미래 방향에 대하여 독립적 판단을 하고, 그 독립적 판단을 따라 움직인다는 점에서 이류 국가들과 다르다. 이류 국가들은 일류 국가가 문명의 방향에 대하여 제시한 가늠자를 따라 묵묵히 추종하는 삶을 산다는 점에서 여전히 비독립적이다. 산업의 질적 차이도 사실은 여기서 나온다.

한국은 선진국 진입을 기대한다. 이제는 일류 국가가 되어야 한다. 그렇다면 일류 국가로서 해야 하는 문명에 대한 독립적 판단 능력을 갖추지 않을 수 없는 일이다. 문화적 역량이라는 것이 단순히 일류 국가의 품위를 표현하는 것에 머물지 않고 바로 일류 국가의 조건이 되는 이유가 여기에 있다.

문화와 인문이 사회를 운영하는 기틀이 될 때 그 나라는 비로소 창의적 역동성으로 무장하는 선도적 길을 갈 수 있다. 선도적 길을 갈 수 있게 하는 문화적 활동은 오롯이 문자에 담긴다. 문화적 역량을 결집하고 문명의 방향에 대한 미래적 비전을 독립적으로 세울 수 있는 큰 희망은 그들이 소유하고 운용하는 문자를 어떻게 관리하는가에 달려 있다. 독립은 결국 문자의 독립으로 완성된다. 과한 비약이라 하지 말자. 인문적 높이에서 자세히 들여다보면 이것이 사실이다.

인간에게는 최종적 의미에서 문자를 지배하는 사람이 진정한 지배자다. 문자를 지배하는 사람은 시대의 문법을 지배하는 사람이니 곧 시대정신을 제시하는 사람이고, 이념을 생산하는 사람이고, 기준을 형성하는 사람이고, 빛을 제시하는 사람이다. 다른 사람이 만든 시대정신을 철두철미하게 지키려 하지 않고, 이념이나 기준을 수입하려고만 하지 않고, 다른 곳의 빛을 내 빛으로 착각하지 않는다.

나로부터 나오지 않는 것은 어떤 것도 창의적이거나 생산적이지 않다. 완벽하지도 않다. 창의와 완벽과 지도적 반열에서 움직이고 싶어 하면서도 외부의 언어를 자신의 언어로 착각한다면,

이는 연목구어緣木求魚가 아닐 수 없다. 더 엄중하게 봐야 할 일은 흉내 내기에 익숙해져 버리면 자신을 스스로 응시하는 능력 자체가 없어져 버린다는 사실이다.

대한민국이 일류 국가로 상승하려면 독립적 사유를 할 수 있는 원초적 조건이 구비되어야 한다. 그 원초적 조건이 바로 우리의 문자, 즉 한글이다. 한글이라는 우리만의 문자를 가지고 있다는 것이 어떤 의미인지 제대로 이해할 때에 이르러서야 우리는 제대로 한번 살아볼 수 있을 것이다.

문자를 지배하는 사람 2

　문자와 일류 국가의 상관성에 대한 나름의 생각을 신문 칼럼에 싣고 난 뒤로 이런저런 얘기들이 있었다. 그 가운데 가장 도전적으로 제기된 문제는 "고유 문자가 없는 나라는 정신적·문화적 독립이 영원히 불가능한가?"라는 것이었다. 좀 물러서서 말한다면 충분조건은 아니라도 필요조건임은 분명하다. 고유한 문자가 있어도 일류 국가가 안 된 나라도 있기는 하다. 그러나 일류 국가들은 모두 고유한 문자를 가지고 있다. 문자를 가지고 있다는 사실은 기록 수단을 가지고 있다는 것에 국한되지 않는다. 훨씬 더 그 이상이다. 문화적 활동의 정수가 문자로 드러나기 때문에 독자적인 문자를 가졌다는 것은 문화적인 높이에서 작동하는 독자적인 시선을 운용해 본 경험이 있다는 사실을 의미한다.

조선 역사에서 세종의 시대가 가장 돋보이는 이유를 알 필요가 있다. 세종대에 혼천의渾天儀, 간의簡儀, 자격루自擊漏, 앙부일구仰釜日晷, 측우기測雨器, 수표水標 등과 같은 발명품이 등장하여 괄목할 만한 성취를 보여주었는데, 아무리 효용적 가치가 있고 훌륭하더라도 한글을 이런 발명품들과 같은 차원에 놓고 보면 안 된다. 한글이라는 우리의 고유한 문자를 창제할 뜻을 가졌다는 것은 세종이 문자(문화)적인 높이에서 사유할 수 있는 높은 시선을 가지고 있었음을 의미한다. 그것이 중요하다. 다른 발명품은 모두 한글을 창제하려는 높이의 시선에서 비롯된 결과들이다. 한글은 또 하나의 발명품이 아니라, 모든 발명을 가능하게 하는 탁월한 시선의 높이를 보여준다.

자신의 문자(언어)를 사용하는 사람과 빌려 쓰는 사람 사이에는 매우 큰 차이가 있다. 한자만 가지고 보자. 우리는 '선善'이라는 글자를 대부분은 '착하다'는 의미로만 새기며 사용한다. 그러나 중국인들은 이 글자를 '착하다' '아름답다' '우호적이다' '좋아하다' '크다' '많다' '탁월하게 잘하다' '익숙하다' 등등 우리보다 훨씬 다양하고 다층적인 의미로 사용한다.

공사는 『논어』에서 '인仁'이라는 글자가 갖는 의미를 정해서 말하지 않고, '사람을 사랑하는 것' '안색이나 말을 꾸미지 않는 것' '조심스럽게 말하는 것' 등등 넓은 범위에서 다양하게 사용한다. 인간을 인간이게 하는 근본적인 특질로 이해하기 때문이다. 그런데 한국에서는 '인'이라 하면 으레 '어질다'는 의미로만 새긴다. 『논어』를 읽을 때 혹은 중국 고전을 읽을 때, '인'을 '어질다'는 의미로만 새기면서 스스로의 사유의 폭과 높이를 제한해 버리고 있다.

'선'이나 '인'을 보더라도 그것을 원래 제작해서 사용하는 사람들은 마치 살아 있는 유기체를 다루듯이 글자들을 생동하는 공간에서 살아 움직이게 하는데, 그것을 받아들여 쓰는 사람들은 매우 협소한 의미에 가두어서 고정시켜 사용하는 습성이 있다. 구체적으로 인식되기에는 매우 어렵지만 이 차이는 매우 심각한 결과를 초래한다. 결국 지배적이냐 피지배적이냐, 아니면 끌고 가느냐 끌려가느냐 하는 문제까지도 결정할 수 있다. 글자를 다양하고 다층적인 의미로 사용하는 사람과 협소한 의미로 제한해서 사용하는 사람 사이에는 사유의 폭과 높이가 매우 다르게 나타난다. 사유의 높이와 넓이는 삶의 높이와 넓이를 결정한다. 세계를 관리하는 넓이와 높이를 결정한다.

모든 것이 창조자에게는 유동적인 것으로 존재하지만 수용자에게는 특정한 의미로 고정되어 버리기 쉽다. 모든 이념도 생산자에게는 언제나 변할 수 있는 가변적인 것이지만, 수입자에게는 불변의 수호 대상이 되어 버린다. 우리 사회에서 해소되지 않고 있는 이념 갈등도 그 근본적인 원인을 보면 우리의 능력이 수용한 내용을 지키는 데에는 열심일 수 있지만, 세계의 변화와 연동하는 유동적 사유를 하는 데는 서툴기 때문이다. 창의력과 상상력이 발휘되지 못하는 것도 그런 것들이 발휘되는 높이에 우리가 아직 도달하지 못했기 때문이다. 근본적으로는 지성의 결핍이다.

문자를 가지고 있느냐 없느냐보다도 문자를 창조할 때 도달해 본 적이 있는 지성의 높이를 회복하는 것이 중요하다. 상상력과 창의성을 발휘하는 일, 이념 갈등을 극복하고 앞으로 나아가는 일, 지배적인 시선을 갖는 일 등등이 문자를 이해하는 일과 떨어져 따로 있는 것이 아니다.

새로워지는 일

새해가 밝았다. 새로운 해는 차라리 '새로워진 해'라고 표현해야 더 맞겠다. 세계는 동사로만 존재하기 때문이다. 새로운 해를 바라보고 감탄하고 다짐하는 것도 의미 있는 일이지만, 그보다는 자기 앞에 있는 바로 그해를 새로워지게 하는 것이 더 진실하다.

새로워지는 일에 관해서는 오래된 중국의 고전 『대학』에 아주 잘 나와 있다. "날로 새로워지고, 날이면 날마다 새로워지며, 또 날로 새로워져야 한다(苟日新, 日日新, 又日新)." 다산 정약용은 이 책 제목을 '대학大學'이 아니라 '태학太學'으로 읽어야 한다고 말한다. 일반적인 고급 교육이 아니라 통치자에게 하는 교육 내용이었다는 것이다. 맞는 말이다. 내용은 위정자나 지배층에 있는 사람들이 새겨야 할 말들로 채워져 있다. 하지만 이제는 통치 지배력의 주도권을 시민이 가지는 민주의 시대이기 때문에 누구나 새겨야 할 말이다. 사회든 기업이든 리더라면 누구나 새로워지는 일에 집중해야 한다는 점을 강조하고 있다.

새로워지는 일이 왜 그리 중요한가. 이유는 매우 간단하다. 생존의 터전인 세계가 계속 새로워지기 때문이다. 세계가 새로운 곳으로 계속 이행하는 운동을 우리는 변화라고 한다. 변화에 적응하면 살아남아 번성하고, 변화에 적응하지 못하면 사라진다. 인간이나 동물에게 모두 맞는 말이다. 심지어는 역사나 사상 혹은 이념이나 가치관에도 모두 해당되는 원칙이다.

사람이 성장하고 생명을 유지하는 이유는 세포가 계속 교체되기 때문이다. 옛 세포가 새 세포로 바뀌어 새로워지지 않으면 병들거나 죽는다. 뱀도 허물을 벗어야 산다. 허물은 옛집이다. 어떤 이유로든 옛집에 남아 안주하고 있으면 죽는다. 뱀만 그러하랴. 세계가 변화하는 것에 따라 이념이나 가치관도 바뀌지 않으면, 그 이념의 주인도 따라서 도태된다.

중국 춘추전국시대 송나라에 밭을 갈아 먹고사는 농부가 있었다. 하루는 밭에서 일을 하고 있는데, 토끼가 뛰어나오더니 밭 가운데 있는 나무 그루터기에 부딪쳐 목이 부러져 죽었다. 졸지에 토끼를 얻은 농부는 다음 날부터 농사를 팽개치고 그루터기만 지켜보며 또 그런 토끼가 나오기만 기다렸다. 하지만 한 마리도 얻지 못하고 결국에는 온 나라의 웃음거리가 되었다. '수주대토守株待兎'라는 꼬리를 달고 돌아다니는 이 이야기가 『한비자韓非

子』의 「오두五蠹」 편에 나온다는 사실이 흥미롭다. '오두'는 나라를 망가뜨리는 다섯 종류의 부류를 좀벌레에 기대어 한 비유다. 이 농부처럼 하면 나라가 망한다는 뜻이다.

송나라는 은나라 유민들이 세운 나라로, 유학의 기풍이 강했다. 고대 유가적 성왕의 말씀을 곧이곧대로 지키는 나라였다. 그래서 시선은 줄곧 과거에 갇혀 있을 수밖에 없었다. 초나라와 전쟁을 하면서도 송나라의 양공은 과도한 명분과 고대 성왕들이 제시한 기준만 지키다가 대패하기도 한다. 여기서 한심한 도덕주의자나 명분주의자를 빗대는 '송양지인宋襄之仁'이라는 말이 나왔다.

나라가 망하려면 논의가 미래적이지 않고 지나치게 과거의 주제들로 채워지는 현상이 지속된다는 것을 한비자는 말하고 싶어 했다. 바보는 과거를 위해서 현재를 희생한다. 세계는 계속 변하고 있는데도, 가만히 멈춰 서서 변해 가는 세상만 탓하고 있다면 누가 그 사람에게 창의적 번영을 가져다주겠는가.

이렇게 말하면 옛것을 제대로 익힌 다음 새것을 알아야 한다는 '온고지신溫故知新'을 들이밀지도 모르겠다. 매우 얌전하고 성숙한 말이다. 그러나 실재 세계에서 보통 사람들은 '지신'까지 도달하기가 쉽지 않다. 특히 욕을 먹든 말든 이미 기득권을 가진 사람들에게는 그 기득권을 만들어 준 과거가 더 찬란하기 때문에 더 그렇다. '온고'의 중력을 이길 내공을 가진 사람은 그렇게 많지 않아서, 대개는 '온고'만 하다가 세월 다 보낸다. 그래서 이 말은 차라리 순서를 바꾸어 '지신온고'가 되는 게 맞을지도 모르겠다. 몸을 새로운 곳을 향해 기울여 놓고 과거를 알려고 해야 한다.

과거는 목적이 아니라 가벼운 수단으로 사용되는 것이 낫다. 과거의 논의로 현재를 채우고, 과거의 방법으로 현재의 문제를 풀려고 하면 '수주대토'한 농부처럼 웃음거리가 된다. 그런데 바보들은 언제나 다른 결과를 기대하면서도 계속 같은 방법을 쓴다.

봅슬레이와 마늘 밭의 진리

　2016년 벽두에 캐나다에서 짜릿한 소식이 들려왔다. 국제봅슬레이스켈리턴연맹(IBSF) 월드컵 5차 대회에서 원윤종·서영우 선수가 남자 2인승 경기에서 우승을 한 것이다. 이번 금메달이 아시아 선수로는 처음 딴 것이라고 하니 더욱 놀랍다. 사실 봅슬레이가 우리에게는 그다지 대중적으로 알려지거나 크게 인기 있는 종목은 아니다. 열악한 차원이라는 평가도 과분할 정도로 국내의 제반 여건이 아직은 갖춰지지 않은 상태다. 경기장도 없다. 장비가 없어 외국 선수들이 타던 중고 장비를 구입해 연습을 했다. 심지어는 다른 나라 선수들의 썰매를 빌려 타며 경기에 나서기도 했다. 2013년에야 네덜란드 '유로테크' 썰매를 처음 구입해 대회에 출전해 왔다고 한다. 두 선수가 호흡을 맞춘 것도 불과 4년

밖에 안 되었다.

서 선수는 말한다. "다른 나라는 이렇게 대회가 연달아 열리면 뒤에서 썰매를 미는 역할을 하는 선수를 바꿔 가면서 하는데, 우리나라는 대체 선수가 없어서 허리가 안 좋은데도 뛰었다." 이 대목에서는 코끝이 찡해진다. 그런데 벌써 세계 랭킹 1위다. 전후좌우의 조건들을 눈대중으로 따져 보고, 이리저리 계산해 보는 것으로는 절대 가능해 보이지 않는 일이다.

반년 전에 저세상으로 떠나신 내 어머니는 배움은 없으셨어도 재치가 넘치셔서 경험으로만 빚어낸 몇 조각의 지혜를 불쑥 내어 주기도 하셨다. 어린 시절의 어느 날이 생각난다. 초등학교 4학년 정도였을 때다. 친구들하고 장난치고 놀 생각으로만 가득 차 있던 내게 어머니께서 집 앞에 있는 밭에서 마늘을 뽑자고 하셨다. 내게는 감당이 안 되는 넓은 밭이었다. 깜짝 놀라서 "은제 이 많은 마늘을 다 뽑는당가?"라고 하면서 싫은 표정을 감추지 않았다. 하루 종일 해도 다 할 수 없을 것 같았다.

나는 원래 또 몸을 써서 일하는 것을 좋아하지도 않았고 잘하지도 못했다. 어머니는 이런 나를 아랑곳하지도 않고 먼저 마늘을 뽑으면서 조용히 말씀하셨다. "눈은 게을르제만 손발은 부지런헌 것이다." 꼼짝없이 어머니 옆에 붙어서 마늘을 뽑았다. 그런데 놀랍게도 나에게는 도저히 불가능한 것으로만 보였던 그 많던 마늘을 반나절 만에 다 뽑아 버렸다. 눈대중으로는 도저히 가능해 보이지 않았던 일을 묵묵히 손발을 움직이다 보니까 어느

새 해낸 것이다. 어머니 말씀이 옳았다. 눈은 정말 게으르고, 손발은 부지런했다.

눈대중이나 계산속에 빠져서는 도약 같은 것은 아예 꿈조차 꾸지 못한다. 주변 조건의 제약을 벗어나지 못하기 때문이다. 그래서 바보들은 대개 자신의 어려움을 주변 조건과 남 탓으로 돌리는 데 익숙하다. 이런 태도로는 미래를 기약하지 못한다. 더 나아질 수가 없다. 누가 뭐래도 우리는 현재를 밀고 나아가 아직은 분명한 모습으로 정해지지 않은 어떤 곳을 향해 나아가야만 하는 숙명을 안고 있다. 그런데 다가올 미래는 미래의 문법으로 따져야 하겠지만 미래의 문법은 아직 충분히 숙성되지 않아서 미래를 보는 일마저도 현재의 문법으로 계산하게 되는 것이 일반적인 일이다.

숙성된 미래의 문법이 아직 등장하지 않았을 때, 충동적인 누군가는 비문법적 행동으로 새로운 곳을 향하여 건너뛰려 덤빈다. 이것을 보통은 무모함이라 말하고 모험이라고 말한다. 그래서 무모함이나 모험은 분명히 미래를 향한 행위들이다. 이런 무모한 실천과 행동이 없이 그저 눈대중이나 계산속으로 나온 판단에만 의존해서 이 궁리 저 궁리에 빠져 있거나 갑론을박하는 논쟁에만 빠져 있으면 현재는 급격히 부식된다.

어떤 계산으로도 봅슬레이 우승은 점쳐질 수 없다. 내가 반나절 만에 그 많은 마늘을 다 뽑는다는 것은 상상도 되지 않는 일이다. 앞으로 나아가는 일이나 현재를 돌파하는 일은 눈대중이나 계산을 벗어나는 일이다. 바로 꿈이다. 문제는 꿈을 꾸느냐, 안 꾸느냐다. 꿈을 꾸기만 하는 것도 아니고, 꿈을 향해 무모함을 감당하느냐, 감당하지 않느냐의 문제다.

결국은 손발을 움직이는 일이다. 행동이다. 무모함을 통과하지 않고 빚어진 새로운 역사는 없다. 모험, 즉 위험을 뒤집어쓰지 않고 강을 건널 수는 없다. 미래가 벌써 암울하게 느껴지는가. 혹시 겁을 먹고 있지는 않은가. 봅슬레이의 꿈과 마늘 밭의 손발이 진리다. 썰매도 경기장도 없던 한국의 봅슬레이가 세계에서 가장 높은 자리에 우뚝 섰다.

나는 원래 또 몸을 써서 일하는 것을
좋아하지도 않았고 잘하지도 못했다.
어머니는 이런 나를 아랑곳하지도 않고
먼저 마늘을 뽑으면서 조용히 말씀하셨다.
"눈은 게을르제만 손발은 부지런헌 것이다."
꼼짝없이 어머니 옆에 붙어서 마늘을 뽑았다.
그런데 놀랍게도 나에게는 도저히
불가능한 것으로만 보였던 그 많던 마늘을
반나절 만에 다 뽑아 버렸다.
눈대중으로는 도저히 가능해 보이지 않았던
일을 묵묵히 손발을 움직이다 보니까
어느새 해낸 것이다.
어머니 말씀이 옳았다.
눈은 정말 게으르고,
손발은 부지런했다.

신뢰에 대하여

『논어』에서 공자는 경제와 국방을 튼튼히 하고 신뢰를 유지하는 것이 정치의 핵심이라고 말한다. 제자 자공이 그 가운데서 어쩔 수 없이 하나를 포기해야 한다면 무엇인지를 묻자 공자는 국방을 든다. 그 다음 포기할 수 있는 것을 재차 묻자 경제라고 말한다. 상식적으로 경제와 국방은 따로 있지 않은데, 굳이 대화를 이리 끌고 가는 것은 신뢰가 가장 중요하다는 것을 강조하기 위해서다. 공자는 신뢰가 없다면 나라는 서 있지 못한다는 뜻을 피력하고 싶어 했다. 신뢰를 국가의 가장 근본적인 조건이자 가장 높은 차원의 힘으로 치는 것이다. 수준 높은 나라는 수준 높은 시선으로 운용되는데, 그것이 '신뢰'다.

'신뢰'라는 단어를 모르는 사람은 없다. 그럼에도 한국 사회는 아직 신뢰가 곳곳에서 충분히 작동되고 있지는 않다. 모두 불신의 주체면서 상대만 탓한다. 불신의 사회요, 불신의 정치다. 그런데 누구나 쉽게 이해하는 이 '신뢰'가 우리에게는 왜 실현되지 않는가? 이유는 간단하다. 단어는 매우 쉽지만, 수행하는 일이 우리의 능력을 벗어나 있기 때문이다.

공자가 든 국가의 요체 세 가지 가운데 경제와 국방은 구체적이지만, 신뢰는 그것들과 달리 추상적이고 윤리적이며 가치적이다. 경제와 국방은 현장에서 만져지는 것이지만, 신뢰는 아직 당도하지 않거나 드러나지 않는 것을 깊이 확신할 때만 비로소 가능하다. 그래서 보이지 않는 것, 아직 오지 않은 것, 그러나 작용력이 있는 그런 것들에 익숙하지 않은 사람들이 신뢰를 실현하기는 힘들다.

중진국이나 후진국은 선진국이 만들어 놓은 길을 따라가는 것에 익숙하므로 항상 이미 있는 길을 가는 삶을 산다. 이미 있는 것들은 다 구체적이다. 선진국은 없는 길을 만들거나 열면서 간다. 아직 오지 않은 빛을 끌어당기려는 습관은 언제나 구체적인 사실 너머를 들여다보려는 습관으로 확장된다. '신뢰'란 아직 당도하지 않은 것을 확신하고 또 그것들을 추구하는 습관이 있을 때만 실현될 수 있다. 그렇다면 후진국보다는 선진국 태도에 가까울 수밖에 없다. 선진국이 비교적 신뢰 사회고, 후진국이나 중진국이 선진국에 비해 덜 신뢰 사회인 이유다.

후진국형 재난이 끊이질 않는다. 왜 그런가. 나라가 후진국적으로 관리되기 때문이다. 후진국형 재난이 일어날 때마다 그 원인 분석은 항상 세 가지로 압축된다. 안전 불감증, 준비 소홀 그리고 훈련 부족! 안전, 준비, 훈련이라는 단어를 모르는 사람은 없을 것이다. 이 세 가지만 지켜진다면 후진국형 재난을 막을 수 있는데, 엄청난 일들을 겪고 나서도 왜 우리는 지금까지 쉽고도 쉬운 이것들을 해내지 못하는가.

이유는 간단하다. 단어는 매우 쉬워 보이지만, 우리의 현재 능력을 벗어나 있기 때문이다. '신뢰'와 마찬가지로 '안전', '준비' 그리고 '훈련'도 모두 다 아직 오지 않은 것들이나 아직 일어나지 않은 것들에 대하여 예비하는 일이다. 아직 일어나지 않은 것에 대하여 예민하게 반응하는 습관이 갖춰지지 않으면 그것들을 실행할 수 없다.

후진국형 재난이 마무리되고 나면 또 분석 기사들이 나오는데, 대부분 땜질처방이나 대증요법으로 적당히 정리했을 뿐임을 비판하는 내용들이다. 땜질처방이나 대증요법은 근본적이거나 원리적인 해결이 아니라 임시변통적인 눈가림이다. 눈에 보이고 만져지는 것으로 드러나야만 겨우 움직이는 습관을 가진 사람들이 하는 행태다.

그래서 '신뢰'란 분리되고 단독적인 어떤 기능이 아니라 비교적 높은 차원에서 단련된 성숙한 인격이라야 발휘할 수 있는 덕목이다. 비교적 높은 그 차원을 우리는 인문적인 높이라고 말한다. 문화적이거나 예술적인 높이라고 해도 된다. 이 높이를 단순하게 힐링을 제공하는 것으로나 지적인 향유의 대상으로 다루어서는 안 되는 이유가 바로 여기 있다. 그것은 우리를 수준 높고 지배적인 삶으로 인도하는 힘이기 때문이다. 여기서 '신뢰' '안전' '준비' '훈련' '창의' '상상' '선도' '선진' '비전' '꿈' '배려' '타협' '독립' '성숙' '자존감' '윤리' 등등이 모두 동등한 높이에서 자리를 잡는다. 결국 '신뢰'도 인문적인 높이에 있는 성숙한 인격이라야 발휘할 수 있는 선진적인 활동이다.

외우기의 힘

나는 외우기를 강조한다. 자기가 좋아하는 경전이나 문장은 외워야 내 것이 되기 쉽다. 어느 기자는 나에게 '창조 인문학 전도사'라는 간판을 달아 주었다. 이제는 '무엇'을 전하는 일보다 전할 가치가 있는 것을 생산해야 한다고 주장하며 살다 보니 '전도사'라는 명칭이 어색했지만, 지금은 인문적인 높이의 활동이 갈급한 시대라서 이 정도 간판이라면 감사히 받아들인다. 이쯤에서 가끔 시비하려는 사람들이 있다. 창조나 창의를 전도한다면서 외우기를 강조하니 앞뒤가 맞지 않다는 것이다.

사람 나누기를 할라치면 수만 가지 기준이 있을 것이다. 시詩를 가지고도 나눌 수 있다. 어떤 의미에서 범박하게 보자면 사람은 시를 읽는 사람과 읽지 않는 사람으로 가를 수 있다. 둘 사이의 차이는 크다. 시를 읽더라도 내면의 충격을 느끼는 사람이 있고, 느끼지 못하는 사람이 있다. 내면의 충격을 느끼는 사람이라도 그것을 통해서 조금씩 자신의 변화를 감행하는 사람과 그러지 못하는 사람 사이에 또 큰 차이가 난다. 이런 차이들은 어디에서 생기는가. 육화肉化 정도의 차이다. 그런데 육화의 길에 바로 외우기가 한 자리 차지한다.

이리하여 사람은 다시 시를 외우는 사람과 외우지 않는 사람으로 나뉜다. 시를 외우면 시인이 시를 타고 침투해 들어와 나를 지배하는 것이 아니라, 내가 오히려 더 커져서 시를 지배할 수 있다. 시의 석양 같은 운명이다. 내가 외운 시로 시인이 내 안에서 영역을 확대하기보다는, 시인 몰래 내가 자라 버린다. 무엇보다 시를 지배하는 인간이 가장 상급이다.

10~20년 전부터 관공서나 기업이나 학교 등등의 기관에 '창의' '상상' '창조' '선진' '선도' 등과 같은 구호가 걸리지 않은 곳이 없다. 지금까지도 그렇다. 구호를 담은 현수막은 결핍과 희망을 동시에 말한다. 없으니 가져 보자는 선동이다. 이렇게 현수막을 높게 달아 놓고 긴 시간 펄럭였지만, 지금 우리가 창의적인가. 아직은 그렇지 못하다. 창의력을 발휘하자고 그렇게 강조했지만 왜 아직까지 그것을 발휘하지 못하고 있는가. 혹시 접근이 잘못되고 있어서가 아닐까?

창의력은 발휘하는 것이 아니라 발휘되는 것이다. 지금 우리가 누리고 있는 어떤 창의적인 결과들도 '바로 그것'을 발휘하려고 의도해서 나온 것은 하나도 없다. 이 세계를 향해 자신을 표현하려는 강한 충동이나 자신에게 등장하는 문제점을 깊이 파고들다가 그냥 펼쳐진 것들이다. 대답의 결과가 아니라 깊고 긴 질문의 결과들이다. 정답을 찾기보다는 마치 늪에 빠진 사람처럼 자기만의 문제에 집착한 결과다. 돈오의 깨달음처럼, 축적된 내면에서 갑자기 튀어나온다.

그래서 창의력은 발휘할 수 있는 어떤 기능적인 활동이 아니라, 내면의 깊숙한 곳에 연결되어 있는 인격의 힘이다. 사회적으로 창의성이 발휘되고 있지 않다면, 그건 분명히 창의력이 튀어나올 정도의 인격적인 준비가 된 사람들이 드물다는 뜻이다. 개인적으로 창의적이지 못하다면, 창의적인 두께의 인격을 아직 갖추지 못한 것이다.

창의성이 필요하다면, 창의성을 발휘할 능력이 있는 사람을 기르는 데 집중해야 한다. 이것은 당연히 인격을 준비시키는 일이다. 단련된 내면을 갖게 하는 일이 중요하다. 놀이나 공상에 빠지기나 지루함을 견디기나 예민한 감각이나 운동이나 글쓰기나 낭송 같은 것들이 오히려 창의력을 드러내는 직접적인 활동에 매우 큰 영향을 미친다. 외우기도 이런 것들과 함께 큰 몫을 한다. 창의성은 축적되고 단련된 내면의 폭발로 이루어지기 때문이다.

창의력은 지식을 축적하는 일로 길러지지는 않는다. 그래서 흔히들 창의성을 지식의 축적과 반대되는 것으로 치부한다. 그렇다고 하여 지식의 축적과 완전히 배치되는 것은 절대 아니다. 축적된 지식의 양은 분명히 창의성의 수준에 영향을 미친다. 문제는 지식이 '나'의 내면을 단련하는 일에 사용되었느냐, 아니면 내가 오히려 축적된 지식의 관리자로만 남았느냐다. '나'를 놓치지만 않으면 된다. 지식의 인격화가 관건이다. 외우기는 나를 틀에 가두는 것이 아니라, 틀을 깨고 나올 힘을 갖도록 단련시킨다. 내가 창의성 곁에 외우기를 함께 두는 이유다.

이리하여 사람은 다시 시를 외우는 사람과 외우지 않는 사람으로 나뉜다. 시를 외우면 시인이 시를 타고 침투해 들어와 나를 지배하는 것이 아니라, 내가 오히려 더 커져서 시를 지배할 수 있다. 시의 석양 같은 운명이다. 내가 외운 시로 시인이 내 안에서 영역을 확대하기보다는, 시인 몰래 내가 자라 버린다. 무엇보다 시를 지배하는 인간이 가장 상급이다.

이익(利)을 논하라

　인문학이 유행이다. 그러나 인문학 지식을 아무리 쌓아도 인문적 시선으로 세계를 보고 관리하고 인도하는 능력을 발휘하지 못한다면, 게다가 자신의 삶을 인문적인 높이로 끌고 올라가지 못하면 별무소용이다. 여기서 '소용所用'을 들먹이는 것 가지고 인문학의 본령을 벗어난 태도라고 지적하는 사람도 있을 것이다. 인문적 시선을 선진국과 연결하고, 그것을 산업의 새로운 장르가 열리는 토양이라고 말하면 인문적이지 않다고도 한다.
　철학이니 인문학이니 예술이니 문화니 하는 것들은 세상사의 소용이나 이익(利)과 단절되어 있어야 더 빛나는 것으로 치부하는 소극적 인식이 팽배하다. 이런 것들이 빚어내는 이익이 진짜 이익 혹은 큰 이익임을 잘 모르기 때문이다. 선진국은 큰돈을 벌지만 후진국은 작은 돈을 벌며, 선진 기업은 더 윤리적이고 후진 기업은 덜 윤리적인 이치들이 다 여기에 연관되어 있다.

이익과 명분 사이에서 이익을 선택하는 것은 천하고, 도덕적 명분을 선택하는 것은 귀하다고 보는 인식은 『맹자』의 한 구절을 치우쳐 읽은 데서부터 나온다. 『맹자』의 첫 페이지다. 맹자가 양나라에 이르자 왕이 반기며 말한다. "내 나라를 이롭게 해주시려고 천 리도 멀다 않고 와 주셨군요!" 맹자가 응답한다. "왕께서는 왜 이익(利)만 말씀하십니까? 인의仁義라는 것도 있지 않습니까?"

이 말을 듣고 인의를 추구해야지 이익을 추구하면 안 되는 것으로 여겨 왔다. 그래야 빛나고 아름다운 삶이라고 여겨 왔다. 그렇지만 맹자는 도덕적 명분과 이익 사이에서 이익을 도외시해야 한다는 뜻으로 말하지 않았다. 그것은 "인의라는 것이 있지 않습니까?"라 하지 않고, "인의라는 것도 있지 않습니까?"라고 말하는 것으로 증명된다. 쉽게 말하면, 이익을 이익으로만 추구하면 안 되고, 이익이 도덕적 명분 위에 있어야 진짜 큰 이익을 취하게 된다고 말하는 것이다. 기업도 어느 단계에서는 윤리적이어야 더 큰 발전을 이룬다는 연구 결과와도 맥을 같이한다.

맹자의 말은 이어진다. "연못에 빽빽한 그물을 내리지 않으면, 물고기들이 이루 다 먹지 못할 정도로 많을 것입니다." 연못에 빽빽한 그물을 내리지 않은 것이 '인의'라는 도덕적 명분에 따르는 일이고, 많은 물고기는 결과적이 '이익'에 해당한다. 사상의 생산자인 맹자는 구체적 현실에서 관념적 명분이 떠오른다는 것을 안다. 그래서 그의 시선은 '이익'에 집중되는데, 관념적 지식을 수입한 나라 사람들은 반대로 명분만 취하고 이익을 소홀히 한다.

세상사의 이익과 아무 관계가 없어 보이기로는 노자가 제일이다. 하지만 노자의 시선도 궁극적으로는 이익에 닿아 있다. 『도덕경』 19장에서 노자는 말한다. '절성기지絶聖棄智!' 유가적 성인이나 지혜로운 자를 높이는 이데올로기를 끊으라는 것이다. 우리는 보통 여기까지만 읽고, 그 다음의 말은 그냥 외면한다. 하지만 문장은 다음으로 이어진다. 그렇게 하면 "백성들의 이익이 100배로 증가한다." '절성기지'라는 무위자연의 태도가 나라의 '이익'을 키우는 장치다. 나의 견강부회가 아니라 『도덕경』에 쓰인 그대로다. 인의도 무위자연도 국익을 보장하면서 탄성을 갖는다.

미국이나 중국이나 일본의 정치 지도자들은 주요 정책을 결정하는 이유를 자국의 이익 때문이라고 쉽게 말하는데, 우리나라에서는 국가의 이익을 근거로 정책적 결단을 하는 장면은 쉽게 보이지 않는다. 명분을 앞세우는 일이 더 많다. 심지어 어떤 대통령은 "적어도 나는 이익과 명분 중에 이익을 선택하지 않았다"라고까지 말한다. 우리가 얼마나 명분에만 사로잡혀 있는지를 알 수 있다.

'이익'이라는 것은 논쟁이나 갈등을 합의에 이르도록 하는 근본적이고도 현실적인 토대다. 그러나 '이익'을 근본적인 토대로 보는 힘이 약한 사람들은 명분을 붙들고 논쟁과 갈등을 극단까지 끌고 가서 분열만을 조장하지 합의에 이르지는 못한다. 명분은 패거리의 기준으로 전락하는 경우가 많다. 패거리가 공유하는 명분을 벗어나서 나라의 이익을 중심에 놓는다면 우리나라의 많은 정치적 갈등도 크게 줄 것이다. '이익'에 초점을 맞추는 일을 부끄러워하지 말자.

모르는 곳으로

　인류 역사에 등장했던 위대한 탐험가들을 소개한 책들이 있다. 40여 명을 소개한 책도 있고 70~80명을 소개한 책도 있는데, 그 안에는 대부분 서양인의 이름들만 나열되어 있다. 저자가 모두 서양인이라서 그네들에게 익숙한 사람들만 기록했을 것이라고 억지로 자위해 보기도 하지만, 아무리 그렇더라도 '탐험'이라는 주제에 동양인의 자취는 흐릿하다.

　1840년 아편전쟁을 서양에 의한 동양의 완전 패배나 동양에 대한 서양의 완전 승리라고 의미 부여를 할 때, 혹시 이것은 '탐험'에 대한 태도의 차이가 빚은 역사적 귀결이 아닌가 하고 다소 과해 보일 수 있는 생각을 해본다. 서양에는 직업 탐험가가 존재한 역사가 있다. 동양의 전통에서 탐험을 직업으로 삼은 경우는 찾기가 어렵다. 탐험이 인간 활동의 뚜렷한 한 유형이 된 곳이 있었고, 그렇지 않은 곳이 있었던 것이다.

탐험에 제일 가깝게 모험이라는 말이 있다. 탐험은 위험한 곳을 찾아가는 매우 무모한 행동이고, 모험은 위험을 무릅쓰는 일이다. 탐험이든 모험이든 기본적으로는 위험에 접촉하는 거칠고 과감한 기질이 관련된다. 위험한 것들은 다 이상하고 사람을 불안하게 한다. 익숙지 않고 아직은 이름 붙지 않은 모호한 것들은 다 불손하다. 반대로 익숙한 것들은 편안하고 안전하다. 그래서 안전과 익숙함은 서로 가깝다. 불안은 생경함이나 모호함과 가깝다.

어쩔 수 없이 탐험가들은 익숙함을 오히려 답답해하는 기질을 가지고 있어야 한다. 익숙함과 결별하는 용기가 없다면 모험은 불가능하다. 모험은 불안을 감당하는 용기를 발휘해서 생경한 세계에 도전하고, 그곳을 사람이 살 수 있는 터전으로 만든다. 영토를 확장해 준다. 이렇게 하여 모험은 새로운 세계를 여는 데 필수불가결한 행위가 된다.

탐험과 모험의 기질이 없으면 안전을 중시하며 익숙한 세계에 아주하려 애쓸 것이고, 그런 기질을 갖추고 있으면 새로운 세계를 열려는 시도에 재미를 더 붙일 것이다. 그래서 모든 창의적 행위는 탐험과 모험의 결과일 수밖에 없다. 인간이 발명한 것 가운데 행위를 통제하고 지배하는 가장 효율적인 기재가 바로 지식인데, 당연히 지식의 생산도 모험의 결과들이다.

지식 생산이 이뤄지는 곳에는 모험심이 넘치고, 지식을 수입해 쓰는 곳에서는 모험심이 잘 발휘되지 않는다. 우리는 지식 생산국이 아니라 지식 수입국이다. 새로운 장르를 만들기보다는 우리보다 앞선 나라들에서 만든 장르를 채우며 살았다. 따라 하고 습득하며 살았다. 물론 상대적이지만, 좀 비약해서 말한다면 모험심이 더 강하지는 않았다.

'안다'고 하는 문제도 그렇다. 우리는 보통 어떤 것에 대하여 지적으로 이해하는 것을 '안다'고 말하는데, 지식의 확장과 생산이라는 점에서는 이것으로 충분하지 않다. '안다'는 것은 '이미 알고 있는 것을 바탕으로 하여 모르는 곳으로 넘어가려고 발버둥치는 그 행위'까지를 포함해야 비로소 의미가 있다. 자기 운동력도 없이 확장의 동력을 잃은 지식이라면 뭐 그리 대단하겠는가. 모르는 곳은 알려지지 않은 곳이고 불안의 처소이자 위험한 곳이다. 그 불안과 위험을 감당한 채 '에라, 모르겠다!'고 하면서 한 발을 덜컥 내딛는 무모함으로만 가 볼 수 있는 곳이 있다.

바로 더 나은 곳이자 새로운 곳이다. 이곳에서 누군가는 지식을 소비하는 사람이 아니라 지식을 생산하는 사람이 된다. 지식이나 정치나 문화나 예술이나 생활이나 모두 진화하고 변화하고 새로워지는 일이 벌어지려면 거기에는 반드시 탐험가적 정신이나 모험심이 있어야 한다. 결국은 용기다.

용기가 없으면 더 나은 곳으로 건너가려는 모험심이 사라져 현상을 지키는 기능주의에 빠질 수밖에 없다. 방송은 시청률에 빠져 생기를 잃고, 대학은 취업률에 빠져 길을 잃는다. 고등학교는 진학률에 빠져 청춘들을 고사시킨다. 정치도 지지율만 쳐다보면서 정권 획득이라는 기능에 빠져 새로운 세계를 열지 못한다. 결국 진정한 승리는 요원하다. 더 나은 곳에서 새롭게 살고 싶으면 더 모험적이고 무모하고 과감하고 거칠어야 한다.

탐험이든 모험이든
기본적으로는 위험에 접촉하는
거칠고 과감한 기질이 관련된다.
위험한 것들은 다 이상하고 사람을 불안하게 한다.
익숙지 않고 아직은 이름 붙지 않은
모호한 것들은 다 불온하다.
반대로 익숙한 것들은 편안하고 안전하다.
그래서 안전과 익숙함은 서로 가깝다.
불안은 생경함이나 모호함과 가깝다.
어쩔 수 없이 탐험가들은 익숙함을 오히려
답답해하는 기질을 가지고 있어야 한다.
익숙함과 결별하는 용기가 없다면
모험은 불가능하다.
모험은 불안을 감당하는 용기를 발휘해서
생경한 세계에 도전하고,
그곳을 사람이 살 수 있는 터전으로 만든다.

아득한 하늘이여,
이것은 누구의
탓이더냐

이탈자들

　나라를 포함하여 어느 조직이나 붕괴 혹은 쇠락의 기운이 감돌 때 가장 분명하게 등장하는 조짐 가운데 하나가 구성원들의 이탈이다. 그런데 이 이탈은 눈에 잘 보이지 않는다. 구성원들이 표면적으로는 자기가 속한 조직을 매우 절절하게 걱정하는 모습을 보이기 때문이다. 그러나 조금만 자세히 들여다보면, 이 절절한 걱정이 바로 이탈 현상의 암묵적 표현임을 알 수 있다. 절절한 걱정은 모두 3자적 입장에서 하는 비판이나 비평으로 드러난다.

　지식인의 몰락도 이렇게 설명할 수 있다. 지식인이 몰락하는 분명한 조짐은 자기가 배운 이론이나 지식의 틀을 진리화해서 주야장천 그 틀로만 세계를 보고 관리하려 덤비는 것이다. 그러나 이것이 지식인의 몰락으로 보이지 않는다. 그는 대단한 지식으로 무장했을 뿐 아니라 스스로를 진리의 대리인으로 치장해 놨기 때문이다. 그런데 자세히 들여다보면 그가 여러 가지 말을 하고 있는 것 같지만 결국은 모두 자신이 믿는 한 가지 내용만 계속 이야기하고 있음을 알 수 있다. 이것도 사실 지식인이 자기 자신으로부터 이탈해 있는 현상이다. 자신의 주인 자리를 이론이나 지식에 물려주고 정작 자기는 이론이나 지식의 심부름꾼으로 전락해 있다.

지식인에게 사회적 사명이 있다면, 자기가 속한 세상이 전진하기 위해서 풀어야 할 문제를 발견하고, 그것을 해결하는 일에 몰두하는 것이다. 정해진 답을 찾거나 주장하는 일이 아니라, 그것들이 철지난 것임을 인식하고 아직 포착되지 않은 새로운 문제를 발견해야 하는 것이다. 이건 그리 복잡한 말이 아니라 그저 상식일 뿐이다. 그런데 어떨 때는 상식이 제일 어렵다. 답을 찾는 일은 논증이지만 문제를 발견하는 일은 세계와 이야기를 나누는 일이다.

논증하는 일은 간혹 지루하기도 하지만, 이야기는 대개 시간 가는 줄을 모른다. 재미있기 때문이다. 왜 재미있을까? 이야기 속에서는 자기가 흥미를 발동시키는 주체, 즉 주인이 되어 있기 때문이다. 자기가 자신을 이탈해 있지 않다. 이런 상태를 유지할 수 있는 지식인은 세계와 이야기를 나눌 수 있고, 그 이야기 속에서 이제 새로운 문제를 포착할 수 있다. 이 문제를 포착하고 푸는 과정에 개입하는 힘을 우리는 흔히 상상력이나 창의력이라고 부른다. 자신을 이탈해 있는 자기, 즉 정해진 이론이나 지식에 주인 자리를 양보한 지식인은 세계와 이야기할 수 있는 내면의 활동성을 가질 수 없다. 시중에 나도는 표현을 빌리자면, 지식을 가지고는 있어도 지혜를 발휘하지는 못한다고 말할 수도 있다.

조직이나 나라가 쇠퇴의 조짐을 보일 때도 이런 이탈 현상이 나타나는데, 그럴 때는 대개 그 구성원들이 비판자나 비평가 혹은 관찰자로 행세하고 참여자로 등장하지 않는다. 일류 비판가나 비평가들이 늘어나고 적극적인 참여자들이 줄어드는 경향이 나타난다면 분명 구성원들의 이탈이 시작된 것으로 봐야 한다.

이탈했다고 해서 진짜 떠나는 것은 아니다. 더 심각한 문제는 그 속에서 헌신한다는 착각을 하면서 그냥 기계적으로만 존재한다. 진정한 자기가 없고 시스템 수호자로서만 존재할 뿐이다. 자기의 주인 자리를 시스템에 양보하고, 자기는 그 자리에 없다. 이런 기계적 존재는 윤리적·미학적 헌신을 발휘하지 못하고 기능적으로만 존재한다. 내면적 활동성을 발휘하지 못하고, 표면적 기능만을 행사하기 때문이다. 부정부패도 이래서 심해진다.

국가가 기능적으로만 움직여서 나타나는 현상은 새로운 길을 찾지 못하고 기존의 틀에서 벗어나지 못하며 우왕좌왕한다는 점이다. 대다수의 구성원이 남 탓으로 세월을 보낸다. 점점 각자도생하는 집단이나 개인이 많아져서 사회적 유기성이 약화된다. 이때 부정부패가 심각해진다.

부정부패도 내용과 급에 차이가 있다. 조세와 국방은 국가 최후의 보루다. 여기에서까지 부패가 심각하다면 극단적 상황이다. 조세 제도가 뒤엉키고, 군대에서도 부정부패가 만연하다면 이는 위기가 가까이 왔다는 것을 의미한다. 시스템만 돌아가면 할 일을 다 했다고 생각하는 사람들은 이미 내용적으로는 이탈자들이다. 이제 일류 비평가는 필요 없다. 이류나 삼류라도 내면의 자발성에서 출발한 참여자나 행동가가 필요하다. 모두 위기에 더 민감해져야 한다.

무엇부터 할 것인가

　지금 대부분의 나라들은 18세기 후반부터 19세기 초 사이에 영국, 프랑스, 미국 등에서 일어난 시민혁명의 결과로 형성된 틀을 기반으로 서 있다. 아직도 시민계급을 위주로 하여 국가를 운영하지 않는 나라들도 있지만, 그런 나라들도 대부분 '민주民主'라는 용어를 국명에 포함시키는 것을 보면 국가 관리 이념은 크거나 작거나 간에 이 시민혁명의 영향 아래 있다.

　이른바 앞선 나라들은 대부분 다른 나라들보다 먼저 시민계급을 성숙시킨 나라들이다. 시민계급의 성숙은 뭐니 뭐니 해도 그 계급성을 발휘하는 동력인 경제력을 가졌는지가 결정적이다. 자본 축적 없이는 시민계급으로 형성되기도 힘들고 계급적 주도권을 발휘하기도 힘들다. 그 다음은 계급적 책임성이다. 왕이나 영주가 가졌던 책임성을 시민이 갖게 된 것이 시민혁명 아니겠는가. 따라서 시민계급을 위주로 하는 현대 국가에서는 책임성을 자각하는 성숙된 시민의 존재 여부가 그 국가의 수준을 결정한다.

지금 대한민국호의 운명을 우려하는 목소리들이 여기저기서 들린다. 괜히 하는 걱정이 아니다. 2015년 7월 29일자 『동아일보』에 실린 「한국의 국운은 한계에 왔나」라는 글에서 권순활 논설위원은 구체적 근거를 제시하며 대한민국의 "국운 융성기는 이제 끝난 것 같다"고 말한다.

한국호가 위기에 처해 있다는 것은 사실이다. 그 위기의 구체적인 내용은 중진국 트랩에 갇혀 선진국으로 도약할 수 있는 새로운 국가 목표를 합의 도출하지 못하고 남 탓만 하며 분열적 대결로 시간을 탕진하고 있다는 것이다. 선진국은 성숙한 시민계급이 시민으로서의 책임성으로 무장하여 주도권을 가지고 이끌어 나가는 나라다. 그런데 이 책임성은 시민적 수준에서 나온 책임성이어야 한다.

현재 우리나라에서도 다양한 정치적 성향을 가진 사람들이 각자 나름대로 사회적 책임성을 드러내며 정치 활동을 하지만, 대부분 자신의 주체적 자발성에서 발휘되는 책임성이라기보다는 자기가 속한 집단이나 이념에 대한 맹목적 신봉에서 나오는 책임성인 경우가 대부분이다. 멀쩡한 사람도 정치권에만 들어가면 이상해져 버리는 것이 이를 증빙한다. 이런 책임성은 주체적 자각을 핵심으로 하는 자유로운 시민의 책임성이 아니라 맹목적 믿음에 근거하는 매우 중세적이고 봉건적인 책임성일 뿐이다. 이런 정도의 책임성으로 도달할 수 있는 최고의 높이가 바로 중진국이다.

이제 선진국으로 진입하기 위해서는, 다시 말해 지금의 위기를 돌파하여 한 단계 더 높은 단계로 상승하기 위해서는 시민적 자각에서 나온 책임성을 발휘해야 한다. 권 논설위원의 글에 달린 댓글 가운데 하나는 "여기 평자들만 봐도 누구 하나 어떡하면 내가 기울어져 간 국운을 바로잡을까 생각지 않고 전부 남의 탓으로 돌리고 있다"고 비판한다. 바로 이런 댓글로부터 우리는 새로운 출발을 다짐하지 않을 수 없다. 남의 탓이 아니라 자신의 책임성으로 자각하는 것이 시민적 교양의 출발이다.

시민적 책임성을 가진 사람은 제3자적 입장에서 비판만 일삼지 않고, 직접 행위자로 등장하려 애쓴다. 청탁이 난무하는 우리 사회가 잘못되었다고 목소리를 높이기 전에 자신이 당사자가 되었을 때 스스로는 절대 청탁을 하지 않거나 청탁을 거부할 수 있는 내적인 힘을 갖춘다. 끼리끼리 문화를 비판하기 전에 동문회나 지역의 암묵적 정서를 이겨 낸다. 앞차가 끼어들려고 방향 표시등을 깜박이면 오히려 속력을 높여 끼어들지 못하게 하는 것이 아니라 속도를 줄여 준다. 우리 사회가 너무 성공 지향적이라고 비판하기 전에 자기는 자녀를 어떻게 키우고 있는지 깊이 들여다본다. 한국 사회가 이웃 간에 정이 사라지고 각박해진다고 비판하기 전에 엘리베이터에서나 길에서 이웃에게 먼저 인사를 건넨다. 책을 읽지 않는 우리 사회를 비판하기 전에 자기가 먼저 책을 읽는다. 자식에게 공부하라고 말하기 전에 먼저 자신의 학습 습관을 기른다. 학연·혈연·지연에 좌우되는 것이 문제라고 비판하기 전에 자기가 승진하고 싶을 때 학연·혈연·지연을 찾아 이리저리 돌아다니지 않는다. 남의 불통을 탓하기 전에 불통하는 자신부터 반성한다.

매우 감성적이고 개인적인 문제로 환원해 버리는 결론 같지만, 어쩔 수 없다. 성숙한 시민계급의 성장 없이는 위기 돌파가 불가능하다. 무엇인가 해야 한다면, 우선 시민적인 교양을 갖추는 일부터 시작하는 수밖에.

거칠고 과감하게

 축구는 이미 운동 경기라는 테두리를 넘어서서 정치가 되었다. 나라의 총체를 보여주는 무엇인가로 진화했다. 한국 축구는 2002년 월드컵에서 좋은 성적을 내기 위해 외국인 거스 히딩크 감독을 모셔 왔다. 히딩크는 국내 감독들이 가져 본 적 없는 자율권을 갖고 한국 축구의 개혁을 시도하는데, 새롭고 독특한 전술 같은 것이 아니라 의외로 체력에서부터 시작한다.
 히딩크의 시도는 매우 성공적이었다. 나머지 전술들은 다 체력 이후의 일이다. 체력이 강하면 원하는 전술들을 발휘하는 능력도 덩달아 배가된다. 체력이 약하면 어떤 기술도 통제가 되지 않아 적절히 발휘할 수 없다. 축구에만 해당되는 일이 아니다. 기업도 그렇다. 세상 모든 일이 그렇다. 근본을 장악하면 나머지 것들은 다 그 자장 안에서 통제되고 빛난다.

나라의 근본 체력은 국방력이다. 한 나라 체력의 총화가 국방력이다. 과학기술, 국가관, 문화 수준, 나라의 비전, 정치력 등이 사실은 모두 국방력으로 집결된다. 나라의 체력을 뒷받침하는 또 하나의 기둥은 조세 제도다. 그 나라 국민의 의식 수준, 공정함, 행정 집행 능력 등이 모두 조세 제도의 운영으로 모여든다. 제대로 된 나라는 국방과 조세 제도가 튼튼하고, 국방과 조세 제도가 제대로 작동하면 그 나라는 바로 좋은 나라고 강국이다. 그 나라의 건강성은 국방과 조세 제도만 들여다보면 다 알 수 있다.

축구에서의 체력, 나라에서의 국방과 조세 문제는 그래서 타협이나 유보나 양보나 자의적 해석이나 편의적인 접근이나 변통과 같은 것들로부터 철저히 격리되어야 한다. 근본이기 때문이다. 근본이 제대로 되면 강해져서 주도권을 가질 수 있다. 주도권을 갖느냐 갖지 못하느냐는 말은 전략적이냐 전략적이지 못하느냐 하는 말로 바꿀 수 있다.

전략적이지 못한 단계를 전술적이라 한다. 전략과 전술은 무엇이 다른가. 전략은 판을 짜는 일이다. 자기 뜻대로 재배치하는 일이다. 뜻대로 디자인하는 일이다. 전술은 전략적 차원에서 재배치해 놓은 판 안에서 재배치된 질서를 깨지 않고 거기서 어떻게 살아 보려고 이 궁리 저 궁리를 하며 자신의 동작을 결정하는 일이다.

전략적 차원에 있는 사람이나 국가는 거칠고 강력하며 과감하다. 그리고 상황 변화에 민감하게 반응한다. 전술적 차원에서는 항상 판이 짜지고 디자인되기를 기다리는 데에 익숙해서 상황의 변화에 덜 민감하고 어떻게 될 때까지 기다리는 습성이 생긴다. 대증요법이 주요 치료 방법이다. 판이 벌어지는 일까지는 자기 일이 아니라고 무의식적으로 인정한다. 일이 터지고서야 비로소 사태의 심각성을 인지한다. 게다가 점잖은 말과 인내와 포용과 평화지상주의가 세련의 탈을 쓰고 나타난다. 히딩크의 축구는 매우 거칠었다. 얼마나 또 과감했던가. 판을 주도하려고 노력하는 전략이 돋보였다. 모두 체력이 강했기 때문에 가능했던 일이다.

전술적 차원에 있는 나라는 전략적 차원의 국가들이 만들어 놓은 판 안에서 산다. 거기서 형성된 질서를 받아들이고 그 질서가 유지되도록 구성된 이론을 그대로 수용한다. 전쟁 없이 오랜 세월을 보내면 전쟁은 이 세상에 없는 것이라고 착각한다. 전쟁이 막상 발발하기 전까지는 자기 일로 생각하지 못하기 때문이다. 그래서 전쟁은 악이고 평화는 선이라는 이분법적 믿음이 생긴다. 대결은 무조건 나쁘고 화해나 타협은 무조건 좋은 것이라는 신념도 생긴다. 전략적인 나라는 전술적인 나라들이 지키는 선악 관념을 넘어선다. 선악의 질서를 재배치하는 수준이기 때문이다.

대화와 타협이 좋은 것은 맞다. 그러나 그것이 자신들의 전략적 판단 아래 거칠고 과감한 심정으로 내린 결정이 아니고, 전술적 차원에서 당연한 것으로 수용된 것이라면 종속적이다. 평화라는 진리도 다르지 않다. 가진 것을 잃을까 봐 주도권에 대한 집착까지 잃으면 안 된다. 잃을 것을 두려워하지 않고, 설령 잃더라도 그 다음에 더 크게 이룰 야망을 가지면 된다.

고대 중국의 『관자管子』라는 철학책에서는 나라가 망해 가는 아홉 가지 현상을 적시하는데, 그 가운데 맨 앞에 배열한 두 가지가 바로 국방을 게을리하는 일과 맹목적인 평화주의가 난무하는 일이다. 깊이 음미하지 않아도 되겠는가.

너 자신을 알라

　무겁게 가라앉아 있을 수만은 없어서 둘째 아들을 데리고 산에 올랐다. 다들 무거운 마음을 이겨 내고 다시 추스르지 않으면 안 된다는 실존적 각성을 담은 동작들이다. 웃어도 지게를 지고 일어서듯이 웃고, 말을 해도 벽돌 한 장 한 장을 혀에 올려놓은 듯이 중얼거린다. 가끔 여기저기서 먼저 가 버린 자식을 가슴에 묻어야만 하는 부모들을 안타까워하는 말들이 들린다. 우리는 이제 세월호가 남긴 짐을 아주 길고 긴 시간 함께 져야 하는 운명을 공유해 버렸다. 아무 말 없이 아들은 앞서 가고, 나는 그저 조금씩 높이를 올리며 걸을 뿐이다.

　산모퉁이 저쪽으로 보이는 계곡에 네댓 명의 장년 남성들이 앉아 휴식을 취하고 있는 모습이 보이다가 산에 가려 이내 사라졌다. 모퉁이를 다 돌고 나니 그 사내들이 다시 나타났는데, 휴식을 끝냈는지 난간을 넘어 등산로로 다시 진입하고 있었다. 나는 바로 그들과 가까워졌다. 외양에서 풍기는 것만으로도 제법 배우고, 또 제법 그럴싸한 직업을 가진 품새다. 그 사내들은 난간 저쪽에서 나누던 말을 아직 끝내지 못했나 보다. 그들의 말이 들렸다. "그러니까, 어려울 것도 없이 규정만 지켰으면 됐다니까!" "수많은 규정 가운데 몇 개만 지켰어도 그렇게까지 되었겠어?" 이들은 매우 화나 보였고, 또 진실로 안타까워하는 것 같았다.

나는 정신이 번쩍 들었다. 어떤 사람의 아이큐가 130이라면, 자기 자신을 볼 때는 아이큐가 13으로 떨어지고, 다른 사람을 볼 때는 아이큐가 1억 3,000 정도로 상승한다는 생각을 평소 가지고 있었는데, 내 아이큐도 아주 급하게 상승하고 있었다. 저들 스스로는 왜 난간을 넘어서 계곡으로 가면 안 된다는 규정을 지키지 않았을까? 그 규정을 써 놓은 팻말이 북한산 계곡 옆 난간에는 수도 없이 붙어 있다. 자신은 규정을 지키지 않으면서도 규정을 지키지 않은 다른 사람을 비판하는 이 모습을 보면서, 나 자신도 덩달아 분열되고 있었다. 무거운 마음으로 산을 오르던 나에게서 분열된 또 다른 나는 규정을 지키지도 않았고 마땅히 해야 할 일도 하지 않았던 세월호 승무원 자리에 가 있었다. 불행을 불러일으킨 시스템이나 구조보다는 분열된 개인으로서의 나를 들여다보고 있었나.

매우 감상적인 접근으로 보일 수 있겠다. 하지만, 크고 작은 규정을 어겨 보거나 가볍게 넘겨 버린 적이 있던 나는 감상적이라고 비판받을 수 있는 이런 느낌을 넘어서지 못하겠다. 세월호의 침몰은 이런 '나'들이 만든 비극이다. 우리의 현주소고, 우리의 수준이고, 우리가 자초한 일이고, 그래서 결국은 우리의 민낯이나 자화상이다. 이렇게 말한다면 '구조'나 '시스템'을 말하는 큰 사람들 앞에서 너무 초라해지는 걸까?

고대 그리스 아테네에 소크라테스라는 철학자가 있었다. 직접 민주주의를 시행하던 아테네는 펠로폰네소스 전쟁에서 패하고 나서 스파르타가 세운 참주정권에 의해 운용된다. 민주주의 황금기는 막을 내리고 이제 정치적 혼란기로 접어들었다. 정치투쟁은 끝도 없이 격렬해지고, 도덕적 해이가 극에 이르렀으며 이론으로 무장한 지식인들의 궤변이 거리에 횡행했다. 소크라테스의 제자였던 크세노폰의 기억에 따르면 소크라테스는 다양한 질문들 마지막에 "국가라는 배는 누가 고쳐야 하는가?"라는 질문을 던진다. 한계에 이른 국가를 구조하려는 철학자의 간절한 희망이 엿보인다. 그는 자신의 평생 과제로 아테네인들의 혼이 최선의 상태가 되도록 돌보는 일을 하기로 한다. 그래서 원래는 델포이 신전에 적혀 있던 "너 자신을 알라!"라는 구절을 자신의 핵심 주장으로 만든 것이다.

소크라테스의 이 말을 사람 구실에 대하여 제대로 알아야 비로소 훌륭한 인간이 될 수 있다는 뜻, 즉 인간으로서의 훌륭함을 이성과 언어의 문제로 봐 버리기도 하지만 진정한 의미는 따로 있다. 우리가 성숙한 인간으로 성장하는 길은 논쟁이나 인식에 의해서가 아니라, 자신이 세계 안에서 자신의 주인으로 서 있어야 함을 아는 데서부터 출발한다는 의미다.

인식은 항상 자신을 대상과 분리시킨다. 이 분리는 사람으로 하여금 비판과 지적과 한탄을 한 후, 할 일을 다 한 것으로 생각하게 한다. 하지만 자신이 자신의 주인으로 존재하고 있으면 지적에서 머물지 않고, 스스로 변화한다. 외부를 향해서 자기가 한 비판이 자기에게도 적용될 수 있게 할 줄 아는 자, 바로 자신을 아는 자다. 자신을 또 다른 대상으로 놓고 분열된 상태에서 인식하는 것이 아니라, 자신을 하나의 덩어리로 놓고 바로 변화와 참여를 행하게 하는 자다. 자신이 하는 일을 삶의 방편으로 치지 않고, 자신을 완성하는 과업으로 다룬다. 일과 자신을 일치시킨다. 이런 자는 다른 사람들이 규정을 어긴 것을 비난하기 전에 스스로 규정을 지키는 사람으로 변화한다. 개인적으로 적용되는 듯이 보이는 "너 자신을 알라!"는 경구를 가지고서야 국가를 구할 수 있다고 믿은 소크라테스의 뜻을 한번 다시 생각한다.

다들 무거운 마음을 이겨 내고
다시 추스르지 않으면 안 된다는
실존적 각성을 담은 동작들이다.
웃어도 지게를 지고 일어서듯이 웃고,
말을 해도 벽돌 한 장 한 장을
혀에 올려놓은 듯이 중얼거린다.
가끔 여기저기서 먼저 가 버린 자식을
가슴에 묻어야만 하는 부모들을
안타까워하는 말들이 들린다.
우리는 이제 세월호가 남긴 짐을
아주 길고 긴 시간 함께 져야 하는
운명을 공유해 버렸다.

돈과 자본, 부자와 자본가

 상식적인 이야기를 한다. 대한민국은 정치적으로는 민주공화국이고, 경제적으로는 자본주의를 시행한다. 민주공화국의 핵심은 시민이고, 자본주의 국가의 핵심은 자본이다. 시민을 탄생시킨 혁명적 이행의 핵심은 왕이나 영주가 모든 재화를 소유하고 분배하던 시대에서 개인들이 각자의 재화를 생산하고 소유하는 시대로 바뀌었다는 점이다. 사적 소유권이 누구에게도 양도할 수 없는 가장 기본적인 권한이 되었다. 이 양도 불가능한 기본권으로 무장된 구성원이 시민이고, 이런 구성원들로 이루어진 사회가 자본주의 사회다. 이렇게 민주공화국과 자본주의는 하나로 수렴된다.
 당연히 민주공화국은 그 구성원이 시민으로 성장해 있으면 잘 운용되고, 자본주의는 재화가 자본의 단계로 성숙되어야 잘 운용된다. 성숙된 시민이란 역사적 책임감으로 무장해 있는 구성원이다. 자신의 정치적 행위가 역사의 진행 방향으로 개방되어야 한다. 자본도 마찬가지다. 시민은 자본을 가진 계급이다. 자본을 재벌들이 가진 정도의 거대한 어떤 것으로 생각할 필요는 없다. 역사의 진행 방향을 향해 열려 있으면서 책임성을 발휘하는 재화라면 크기에 상관없이 자본이다. 결국 성숙된 시민으로서의 주체가 가진 경제력을 자본이라고 한다. 그렇지 않은 사람이 가진 재화는 '자본'이 아니라, 그저 그런 '돈'일 뿐이다.

돈은 소유나 집착의 대상으로만 남아 있는 재화다. 지키고 불리고 소비하고 누리면 그만이다. 누가 더 많이 가졌는가만 중요하다. 여기에 시민으로서의 사회적이거나 역사적인 책임성 같은 것은 없다. 재화를 이런 식의 '돈'으로만 소유한 사람은 '부자'일 뿐이다.

자본은 무엇인가? 재화가 그저 소유적인 형태로 축적되어 있기만 한 것이 아니라, 새로운 시대를 향해 열려서 꿈틀대는 힘을 발휘할 때 비로소 자본이 된다. 돈이 새로운 가치를 창출하는 데에 사용되거나, 새로운 세계를 열려는 노력으로 이용되거나, 새로운 산업생태계를 만드는 데에 밑거름이 되거나, 다른 단계로의 질적인 상승을 하는 디딤돌로 사용될 때 비로소 자본으로 승격된다.

여기서 '사용된다', '이용된다', '밑거름' 그리고 '디딤돌' 등의 의미가 '자資'라는 글자에 담긴다. 바로 '자본資本'이라는 말이다. '돈'이 '자본'으로 성숙되는 사회는 발전하지만, 그렇지 못하면 바로 정체되거나 후퇴한다. 자기가 가진 '돈'을 '자본'으로 승화시키는 활동을 하는 사람을 우리는 비로소 '자본가'라고 말할 수 있다.

자본주의 사회는 역사적 책임성을 '자본'이 주도하는 사회다. 핵심적인 역할을 '자본가'가 한다는 말이다. 이런 사회에서의 건강한 발전은 어쩔 수 없이 성숙된 자본가의 존재 유무가 결정한다. 사회가 제대로 운용되며 발전한다는 말의 의미를 자본주의 사회의 맥락에서 말한다면 돈이 제대로 흐르는 사회다. 돈을 제대로 흐르게 하려는 책임성을 자각하고 발휘하는 시민적 역량을 가진 부자가 바로 자본가다. 당연히 자본주의 국가를 운용하는 정부의 역할은 재화가 '돈'으로 쌓여 있지 않고, '자본'으로 흐르게 할 수 있어야 한다.

우리에게 자본주의는 이식된 것이다. 특히 자본주의는 우리 자신에게 원래 있던 사회적 생산력을 토양으로 해서 독자적으로 발전했다기보다는 외국 자본을 생산력의 기초로 가질 수밖에 없었다. 초기에 외국 자본과의 연결에는 또 국가가 관여했고, 그러다 보니 자본의 독점 현상을 피할 수 없었다. 이런 독점을 아무리 부정적으로 말한다고 해도 동시에 이 독점 현상을 통해서 비약적인 발전을 이룬 현실적 성과를 무시할 수도 없다.

자! 문제는 지금부터다. 우리 사회가 한 단계 더 성숙해야 한다면 우선 독점적으로 갇혀 있는 '돈'을 어떻게 해서든지 '자본'으로 살려내야 한다. 부자들이 우선 각성하여 자본가로 신분 상승을 할 수 있도록 길을 찾아야 한다. 이렇게 해서 트인 숨통은 비교적 큰 숨통이다. 대한민국 재도약의 큰 토대다.

나는 돈을 갖고 싶어 하는가 아니면 자본을 갖고 싶어 하는가. 나는 부자가 되고 싶은가 아니면 자본가가 되고 싶은가. 나는 부자인가 자본가인가. 지금 우리 사회의 책임성 있는 구성원들이 각자 해야 할 질문이다. 이 질문에 대한 답을 정면으로 하며 걷는 사람이 바로 시민이다. 간단한 상황이 아니니, 과감하고도 단호한 각성이 필요하지 않겠는가. 이것이 상식이어야 한다.

혁명을 꿈꿀 때

20대 총선을 지켜보고 있자니, 이런 선거가 언제 또 있었던가 싶다. 한국 정치로부터 기대하는 것이 이미 실없어 보일 정도가 되어 버렸지만, 비전을 제시하거나 모범이 될 만한 행동으로 표를 요구하는 최소한의 염치도 사라졌다. 벽 앞에 선 정치다. '정치'는 사라지고 철저하게 '정치공학'만 남았다. 이 사람이 저 사람으로 바뀌고, 저 사람이 이 사람으로 바뀌고만 있을 뿐, 의미 있는 내용은 없다. 이리저리 옮겨 다니는 정치인을 '철새'라고 비난하던 때는 그래도 정치가 최소한이나마 정치로 남아 있었던 때였나 보다. '그들만의 리그'로 전락한 지 오래다. 출구가 보이지 않는다.

아무리 그렇다고 해도 정치는 어쨌거나 꽃이다. 우리 삶은 정치적 행위로 표현되고, 또 정치라는 우산 아래서 결정된다. 정치를 벗어나는 사회적 행위는 없다. 사회적 행위가 곧 정치 행위다. 그래서 정치는 그 사회의 품격과 수준을 그대로 드러낸다. 우리 정치 수준은 그대로 우리 사회 수준이다. 정치가 돌아가는 형국은 그대로 우리 사회가 돌아가는 형국이다. 출구 없는 정치는 출구 없는 사회에서 태어난다.

정치가 기능주의에 빠져 있다면 기업이나 교육을 포함해서 사회 전체가 기능주의에 빠져 있을 것이다. 국방도 예외가 아니다. 학생들은 대학에 들어가는 일이 해야 할 일의 전부가 된 지 이미 오래다. 꿈을 꾸지 않는다. 고등학교는 대학 진학률의 노예가 되었고, 대학은 취업률의 노예가 되었다. 방송이 시청률의 노예인 것과 유사하다. 이런 상황이라면 정해진 것을 넘어서서 아직 오지 않은 새로움에 도전하는 일이 어찌 감행되겠는가.

기업이라고 다르지 않다. 선진국과의 경쟁에서 '따라 하기'의 한계를 넘지 못하고 있다. 선도력을 갖는 일은 시도조차 안 된다. 국방은 국가의 핵심 기둥이다. 그래서 부패의 기운도 원래는 이곳으로 가장 늦게 도달한다. 국방에 부패가 만연한다면 그 사회의 부패 정도는 이미 갈 데까지 간 것으로 봐야 한다. 장성들이 부하 장병들에게 입힐 방탄복을 저질로 만들게 하고 자기 배를 채우는 일까지 해대는데, 더 이상 무슨 말이 필요하겠는가. 기업이나 교육이나 국방까지도 모두 벽 앞에 서 있다.

벽 앞에 서 있는 사회, 지금 우리의 현주소다. 보고서들에 의

하면, 우리 사회는 계층 이동성이 현저히 떨어졌다. 이는 사회가 앞을 향해 나아가지 못하고 있음을 뜻한다. 이동하지 않는 사회는 굳어지고, 틀에 갇히고, 기능주의에 빠지며, 꿈을 상실한다. 어떤 사회든지 아무리 부패하고 아무리 굳어 있어도, 정치나 기업이나 교육이나 검찰이나 문화나 법률이나 종교나 할 것 없이 어느 한 부분이라도 건강성을 유지하고 있다면, 그것을 최소한의 자원으로 삼아 사회 전체의 건강성으로 확장할 수 있다. 그러나 우리 사회는 이런 역할을 할 정도로 건강성을 유지하는 의미 있는 집단이 없다. 한마디로 전면적이고 전체적인 위기다. 이것이 정치의 한계로 드러나고 있을 뿐이다.

사회가 전면적인 한계에 갇혀 있다면, 화장을 고치는 정도가 아니라 근본적이고도 전면적인 혁신을 시도해야 한다. 바로 혁명革命이다. 즉, 명命을 바꿔야 한다. '명'은 시대의식이고, 비전이고, 어젠다고, 틀이고, 방향이다. 지금껏 우리나라가 급속히 발전할 수 있었던 것은 그때그때마다 시대의 요구에 화답하며 딱 맞는 '명'을 설정하고, 역량을 그 '명'에 집중시켜 완수했기 때문이다.

지금 우리는 건국과 산업화, 그리고 민주화라는 '명'을 완수한 이후 새로운 '명'을 설정하는 데 성공하지 못하고 벽 앞에 서 있다. 새로운 '명'으로 무장하여 벽을 넘지 못하면, 과거의 혁명 깃발은 모두 완장으로 바뀌고, 결국 이전투구에 빠지게 된다. 건국도 산업화도 민주화도 이제는 모두 완장이다. 완장들은 자기들이 해왔던 말만 계속 해대며 핏대를 세운다. 시대의 소리를 듣지 않고, 자신이 속한 집단의 논리만 계속 늘어놓는다. 거의 모든 혁명가들이 혁명가로 남지 못하고 반항아로 전락하는 이유다. 그래서 정치에 출구가 보이지 않는 지금은 바로 혁명을 꿈꿀 때다.

시가 잘 써지지 않는 까닭

왜 시詩가 잘 써지지 않는가 하는 문제를 가지고 어느 시인과 이야기를 나눈 적이 있다. 시가 잘 써지지 않는 이유는 '시'를 쓰려 하기 때문이다. 이미 누구에게나 공유된 형식의 '시'를 쓰려고 덤비는 한, 그 사람은 자기에게 입력된 기존의 시적 형식을 구현하느라 허겁지겁하기만 한다. '시'에 자신을 맞추기 바빠 자신에게 '시'를 굴복시키지 못한다. 자신이 주인이 되지 못하고, '시'가 주인이 되어 버린다.

시란 본시 고유한 자신이 엉글고 엉글어서 혹은 다치고 다쳐서 안에 갇혀 있지 못하고 세상으로 튀어나온 것이다. 튀어나온 자신을 시가 다가와 영접하는 것이지, 그렇게 하여 시인이 되는 것이지, 이미 있는 시에 끼어들어 한자리 차지하려 애써서 되는 것이 아니다. 그래서 시인이 되는 일은 자신을 시처럼 가꾸는 일 이상이 아니다. 오히려 시 아닌 곳으로 자폐하여 시를 멀리하고 스스로를 맷돌 삼아 거기에다 자신을 갈고 또 갈다 보면 몇 방울의 피가 엉겨 붙는다. 그 피들을 긁어모아 놓으니, 거기에 시라는 이름이 다가와 걸릴 뿐이다. 설령 시가 아니어도 된다고 포기한 채, 자신을 학대하다 보면 오히려 빛나는 시가 태어난다. 진짜 시인일수록 그 사람은 꼭 자신의 시를 닮았다. 시는 쓰는 것이 아니라 토해지는 것이기 때문이다.

적어도 시라는 장르에서만큼은 시가 주인이 아니라 시인이 주인이다. 시가 생산되는 기능에 갇히는 한, 시는 없고, 시인은 태어나지 못한다. 미성숙한 사람은 시적 기능에 빠져 헤매다가 자신을 시처럼 가꾸는 일에 태만하여 시를 닮지 못하고 결국 시인이 되는 길에서 좌절한다. 그래서 시인의 좌절은 인간의 좌절이다. 정치의 길도 이와 다르지 않다.

20대 총선이 끝났다. 여대야소가 여소야대로 바뀌었다. 그 와중에 계속 양당끼리 비효율적 평행선만을 유지하던 구조에 제3당이 자리하는 일이 생겨났다. 이것을 보고 한국 정치가 앞으로 크게 달라지거나 할 것처럼 흥분한 목소리들이 들리기도 하지만, 불행하게도 의미 있는 변화는 일어나지 않았다. 이전 선거들과 다른 점이라면 고작 부정적인 의미에서 두어 가지를 들 수 있다.

이번 총선에서는 이전의 선거에 항상 등장하던 철새라는 비방이 보이지 않았다. 이곳저곳 옮겨 다니며 눈앞의 당선만을 노리던 가장 기능적인 정치인을 철새라고 비웃던 일이 이번에는 사라졌다. 정치가 성숙해져서 철새 정치인이 사라졌다면 얼마나 좋은 일인가. 하지만 속사정은 그렇지 않다. 서로 비방하기가 머쓱할 정도로 철새들로 넘쳐나서 그렇게 된 것일 뿐이다.

본질은 사라지고 피상적인 기능만 남다 보니 당연하게도 이슈 없는 선거가 되어 버렸다. 공천과 같은 정치 기능상의 문제가 선거를 지배하고, 국가가 나아갈 방향을 놓고 벌여야 할 치열한 논쟁은 사라졌다. 이슈가 사라졌다는 말은 비전이 사라졌고 본령이 길을 잃었다는 뜻이다. 문제는 비전을 다시 찾는 일이어야 하겠다. 판이 달라져야 할 때 판을 다시 짜는 시도가 사라지고, 낡은 판 안에서 익숙해진 기능에만 갇힌 채 이슈를 생산하지 못하는 국회는 나라를 미래로 끌고 가지 못한다. 국회의원들은 무릎 꿇고 허리 굽히던 짧은 유세 기간은 잊을 것이고, 다시 각종 특권들 속에서 위세를 떨치고 서로 호형호제하며 적대적 공생관계를 유지할 것이다. 기능에 갇혀서 새로운 정치가 태어나기 힘들 것으로 전망된다. 시가 잘 써지지 않는 것처럼 말이다.

기능에 갇힌 시인은 시를 쓰지 못하듯이, 기능에 갇힌 정치인들은 새로운 정치를 생산하지 못한다. 당연히 정책은 길을 잃고, 패거리 집단들의 권력 장난으로만 세월을 보낼 뿐이다. 결과적으로 국가는 비효율 속으로 빠져 허약해진다. 차라리 정치에 희망이 없다고 말하는 것이 더 나은 지경이 된 지금, 마지막 희망이 있다면 역설적이게도 정치의 파멸이다. '궁즉변窮則變'이라 하지 않았던가. 도저히 답이 없어 보일 때에 비로소 새 길을 여는 변화가 시작될 것이다. 우선 자신을 맷돌 삼아 스스로를 시처럼 가꾸며 이 봄을 보내 보자.

시인이 되는 일은 자신을
시처럼 가꾸는 일 이상이 아니다.
오히려 시 아닌 곳으로
자폐하여 시를 멀리하고
스스로를 맷돌 삼아
거기에다 자신을 갈고 또 갈다 보면
몇 방울의 피가 엉겨 붙는다.
그 피들을 긁어모아 놓으니,
거기에 시라는 이름이 다가와 걸릴 뿐이다.
설령 시가 아니어도 된다고 포기한 채,
자신을 학대하다 보면
오히려 빛나는 시가 태어난다.
진짜 시인일수록 그 사람은
꼭 자신의 시를 닮았다.
시는 쓰는 것이 아니라
토해지는 것이기 때문이다.

지식보다 지루함을

우리나라의 많은 부모나 젊은 인재들이 옛날부터 지금까지 아직도 집착하는 길이 있다. 고시다. 대개는 시험에 최적화된 영재들이 도전하는 길이다. 한 번 붙기만 하면 평생토록 권력을 누릴 수 있다. 대부분은 부도 쌓는다. 부와 명예와 권력을 모두 누릴 수 있는 길이기 때문에 성적 좀 좋다는 젊은이들은 너나 할 것 없이 모두 여기에 매달린다.

스무 살 때 사법고시에 합격한 젊은이가 있었다. 사법고시 최연소 합격자다. 벽촌 시골 출신에다가 최연소 사법고시 합격생이니 세상이 모두 칭송할 만하다. 약관의 나이부터 '영감' 대접을 받았다. 아이 키우는 많은 부모들이 꿈꾸는 그대로 승승장구하였고, 최근에는 대통령을 보좌하는 핵심 요직을 맡았다. 이 정도면 우리나라의 대부분 부모들이 제일 갖고 싶은 자식이 아닐까?

그러나 이 사람이 근무시간에 처가 부동산 거래를 하는 곳에 나타나는가 하면, 처가 농지 매입 건과 관련되어 논란을 빚고, 수상한 가족 회사의 세금 축소 의혹까지 받는 등 수준 높은 인재의 품격은 보여주지 못한다.

더 심한 것은 대통령 옆에서 핵심적인 보좌를 하는 사람임에도 불구하고, 어떤 아낙이 대통령을 조정하여 국사를 주무르는데도 아무런 긍정적 역할을 하지 못했다. 더 나아가서 오히려 그 아낙의 그늘을 이고 산 것 같다. 자존감이나 자부심이나 사명감이나 자긍심 같은 것은 찾아볼 수도 없게 허물어진 대한민국 최고 영재의 모습이다.

다른 부문에서 대통령을 보좌하는 어떤 수석은 미국 유명 대학의 경제학 박사다. 대학 교수도 지냈을 뿐 아니라, 경실련의 한 위원회 위원장도 맡은 적이 있다. 이 정도면 세상의 많은 부모들이 자기 자식에게 저런 사람처럼 되어 보라고 말할 만하지 않겠는가.

그러나 이 사람도 역시 그 아낙의 기획에 따라 기업을 돌아다니며 거금을 갈취하고, 해외 출장을 다녀왔다. 이 정도면 그 아낙의 집사에 불과하다. 대포폰을 사용하여 회유도 하고 증거를 없애려 허둥댔다. 여기 어디에서 영재의 품격이나 고고함을 발견할 수 있겠나.

우리의 영재들은 왜 고작 이 모양인가. 이유는 매우 간단하다.

이렇게 길러졌기 때문이다. 주위에서도 어렵지 않게 목격할 수 있다. 시험만 닥치면 어떤 일도 면제된다. 우선 성적만 좋으면 된다. '사람'으로서 교육되지 못하고, 시험 기계로만 길러진다.

 '본질'과 '기능' 사이에서 우선 기능만 다듬고 서두르다가 자초한 일들이다. 고등학생들에게는 우선 대학만 합격하면 된다고 가르치지 않았는가. 젊은이들에게 예의를 가르치지도 않았다. 삶의 진정한 가치에 대해서도 가르치지 않았다.

 왜 사람은 공동체와 함께해야 하는지도 가르치지 않았다. 친절이나 착함이 어떻게 사람을 위대하게 하는지도 가르치지 않았다. 이렇게 길러진 인재는 사실 '사람'이라기보다는 '기계'에 가깝다. 부과되는 기능만 잘 수행하면 스스로도 만족하고 사회적으로도 인정받는 기계 말이다. 여기에 삶의 품격이니 자아의 완성이니 하는 것들은 말을 꺼내기도 낯부끄럽다.

 '사람'이라면 '기능'을 제어하는 더 근본적인 능력, 즉 '덕德'을 갖고 있어야 한다. '덕'은 지식보다도 심부름이나 노동이나 여행이나 방황이나 지루함이나 실패의 경험이나 봉사나 자발적 독서 등에서 길러진다. 문제는 우리가 미래를 책임질 인재를 이렇게 기르지 않는다는 점이다. '덕'의 존재로 키우지 않고, '기능'적 기계로 길러 온 것은 아닌지 심각하게 반성해야 한다.

 기계는 행복도 모르고, 희생도 모르고, 헌신도 모른다. 자존심도 없고 자부심도 없다. 품격이나 기품에 가치를 둘 줄 모른다. 기능적 교육의 징벌적인 보복이 지금 진행되고 있다. 우선 각자 자기 자식과 어떻게 살고 있는지부터 돌아보면 좋겠다.

흘러야 썩지 않는다

오늘 우리 모두의 조국 대한민국은 혼란스럽다. 어찌 보면, 그리 새삼스럽지 않을 수도 있다. 줄곧 혼란 속에서 살아온 것 같기 때문이다. 그러나 시대의식을 수행하면서 관점의 차이들로 비롯되는 혼란은 소란스럽더라도 오히려 그것이 전체적으로 균형과 역동성을 보장하며 전진하는 힘을 굳건히 유지한다. 건국 이래 얼마 전까지는 그랬다.

문제는 지금 우리가 맞닥뜨린 것이 역동성을 보장하는 생기 넘치는 혼란이 아니라, 벽에 갇힌 채 방향을 못 잡거나 들기 버거운 천장 하나를 머리에 이고 짓눌려 가는 상황이라는 것이다. 서로가 다 숨이 막혀 가고 있는데도 상대방의 숨통만 짓누르느라 자신의 숨이 끊어져 가는 줄도 모르는 매우 무지無知한 지경에 빠져 버렸다. 시대가 흐르지 못하여 나라 전체가 썩고 있다. 썩지 않은 곳이 한 군데도 없다. "흐르는 물이라야 썩지 않는다"(流水不腐. 『여씨춘추·진수盡數』).

썩는 시대를 살리려면 흐르게 하는 수밖에 없다. 시대가 흐른다는 것은 무슨 뜻인가. 새 시대에 맞는 새 비전을 설정하고, 다수의 세력이 그 비전을 중심으로 모여 책임감을 가지고 끌고 간다는 것이다. 시대에 맞는 비전은 그 시대의 사람에게 맡겨야 한다. 구세대가 새 비전을 만들 수는 없다. 우리나라에서는 특히 그렇다.

습관이나 감感을 넘어 지적으로 보자. 이런 혼란은 해방 이래 처음이다. 해방부터 지금까지 이미 나 있는 길을 남보다 덜 자고 덜 먹으면서 부지런히 걸어왔다. 선례와 모델을 목숨처럼 섬기며 몰두했다. 그래서 성공적인 중진국에 도달했다. 훈고訓詁의 삶이었다. 훈고는 질문보다 대답을 하게 한다. 대답은 이미 있는 지식과 이론을 먹었다가 누가 요구할 때 뱉어 내는 일이다.

이때 승부는 누가 더 빨리, 더 많이, 원형 그대로 뱉어 내는가가 가른다. 여기서 핵심은 '원형'에 있다. 대답에 빠지면, 원형만을 중시한다. 그러면 애석하게도 지성의 활동은 정지하고, 모든 논의가 과거의 틀을 넘지 못한다. 지성을 원형에 대한 그리움으로 채우고 있는 사람은 모든 논의를 진위 논쟁으로 끌고 가 버린다. 우리 사회가 왜 그리 과거에만 집착하면서 진위 논쟁에 빠져 허우적대는지 알 수 있다. 대답, 원형, 진위에 대한 갈구로는 과거를 지킬 수 있을 뿐이다. 우리가 지금 그렇다.

얼마간은 유효했더라도 지루하고 비효율적인 훈고의 역사에서 벗어나려면 지성을 질문하는 힘으로 재무장해야 한다. 그래서 미래를 볼 수 있어야 한다. 질문은 자신만의 고유한 궁금증과 호기심으로 원형을 뒤틀려는 시도다. 미래는 원형에 대한 집착을 포기하여 창백한 진위 논쟁으로부터 이탈하면서 비로소 열린다. 미래를 보려는 사람은 지켜야 할 이념에 빠지지 않고, 사회 전체에 이익이 되는 새로운 세상을 꿈꾸며 부단히 질문한다. 이 질문은 마침내 우리 시대가 나아가야 할 비전을 건설하는 일에 닿을 것이다. 질문은 우리를 꿈꾸게 하고 정해진 모든 것을 비틀어 미래를 향하게 한다. 도전적인 질문은 우리에게 선도적이고 전략적인 역량을 갖게 할 것이다.

대답에 익숙한 사람은 대답이 기능하는 정도의 '사람'으로 고정된다. 질문을 시도하는 사람은 질문이 제공하는 수준으로 상승하는 '사람'이 될 수 있다. 결국 '사람'이 관건이다.

20대 총선이 끝난 직후, 총선 결과 여소야대로 급변하고, 또 제3당이 출현하는 것을 보고 많은 사람들이 매우 큰 변화가 있을 것이라고 했지만, 나는 비효율적인 저질 정치에 아무 변화가 없을 것이라고 전망했다. 아무리 정치 구도가 달라졌어도, 그 구도를 채우고 있는 '사람'이 그대로인 한 변화는 불가능하다. 보라! 국회에서 벌어지고 있는 난장판은 19대 때와 하나도 다르지 않다.

더욱 답답한 것은 지금 리더가 되겠다고 나서는 분들이 나이와 경력에 상관없이 모두 시대의식을 찾으려는 질문보다는 이미 알고 있는 것을 내뱉는 대답에만 익숙한 정치 기능인을 벗어나지 못한다는 사실이다. '사람'이라는 각도에서 보았을 때, 그들은 모두 구태의연하다. 아직 우리는 과거에 잡혀 있다.

지성의 폐허

누구나 각자 가진 생각의 높이와 두께 이상을 살 수는 없다. 국가도 그 국가가 가진 생각의 높이를 넘어서지는 못한다. 산업도 그렇고, 정치도 그렇고, 국방도 그렇다.

사회의 풍경도 딱 시민들이 가진 생각의 높이나 두께, 그 이상도 이하도 아니다. 앞선 사람들은 독립적으로 생각을 하고, 뒤따르는 사람들은 앞선 사람들이 한 생각의 결과들을 빌려 쓴다. 생각을 스스로 하는 사람은 두텁고 선도적이며 변화무쌍할 수 있지만, 생각을 빌려 오는 사람은 얇고 낮으며 특정한 생각에 갇히기 쉽다.

생각의 정점에 철학이 있다. 그것이 아무리 고차원적인 사유체계라 하더라도, 철학의 고향은 당연히 구체적인 현실 세계다.

그래서 철학을 생산하는 사람들에게는 철학의 이론 체계와 그 이론 체계를 산출한 현실 세계가 한 덩어리다. 하지만 생각을 수입하는 사람들은 사유의 고향까지 옮겨 올 수 없다. 현실은 떨구어 버리고 창백한 이론만 가져온다. 결국 고향을 떠난 철학 이론만을 철학으로 여기다가, 현실과 이론 사이에 펼쳐진 광활한 두께를 경험하지 못한다. 사유를 사유하지, 세계를 사유할 줄 모르게 된다. 생각의 초점이 현실에 있어야 시대의 문제를 붙잡고 적절하고도 실용적인 생각을 펼치지만, 그러지 않으면 특정한 관점에 갇힌다. 이념의 화신으로 전락한다. 생각이 독립적이지 않으면 피하기 어려운 일이다.

한반도에서 철저한 현실 인식을 기반으로 하여 가장 의미 있는 지적 활동을 한 사상가를 꼽는다면 다산 정약용을 들 수밖에 없다. 이미 한계를 노정한 조선에 대한 인식은 정확했다. 그래서 그는 애타는 심정을 이렇게 표출한다.

"이 나라는 털끝 하나인들 병들지 않은 게 없다. 지금 당장 개혁하지 않으면 나라는 반드시 망하고 말 것이다."

바로 지금의 우리에게 들려주는 것 같다. 이런 다급한 인식은 그에게 시들어 가는 조선을 되살리려는 사명감으로 무장할 수 있게 했다. 지식인이 자신의 사유를 시대에 대한 헌신으로 전환시켰다는 점만으로도 그는 이미 비범하다. 그의 방대한 독서량과 저술량을 보자. 누구나 족탈불급足脫不及의 심정을 느끼지 않을 수 없다. 조선이 낳은 가장 종합적인 사상가가 바로 다산 정약용이다.

이런 다산마저도 중요한 현실 인식에서는 한계를 보인다. 다산은 당시 세계정세나 일본의 발전에 대해서 잘 알고 있었지만 "일본은 걱정할 필요가 없다"고 말한다. 일본이 유학 사상을 우리보다 잘 연구해서 도덕적 성품이 높아졌기 때문에 다른 나라를 침략하는 등의 나쁜 습관이 사라질 것이라고 본 것이다. 다산이 이런 피상적 인식을 남기고 사망한 후, 겨우 70여 년 만에 일본은 조선을 강제로 합병한다.

그렇게 넓고 깊은 지식을 가졌을 뿐 아니라 실사구시實事求是를 지향했던 다산마저도 복잡한 세계를 단순한 근거로 재단하는 순진한 낙관론에 빠졌다. 윤리·도덕을 중심으로 세계를 보는 유교적 관점에 갇힌 결과다. 현실에서 직접 문제를 찾는 부지런함보다는 생각의 틀을 수입해서 쓰는 편안함에 익숙해지면 이런 단순함에 빠지기 쉽다.

단순함에 빠지면 우리의 운명을 상대방의 선의에 맡겨 버리는 우를 범하기도 한다. 그리고 그것이 잘못된 것으로 판명되었을 때는 우리 힘으로 잘잘못을 따지는 판조차 펼치기 불가능한 매우 처참한 지경에 이미 빠져 있을 것이다.

북한 핵을 보는 눈마저도 순진한 낙관론과 단순함에 빠진 사람들이 있다. "북한이 핵무기를 가지고 있다고 하더라도 우리가 공격하지 않으면 그것을 우리에게 쓰지는 않을 것"이라는 말이나, 북은 핵무기를 개발한 적이 없다고 보는 인식이나, 개발할 능력이 없다는 예측이나, 북한이 핵무기를 개발하려는 이유가 누구를 공격하려는 것이 아니라는 분석은 매우 피상적이다. 심리적 희망 사항을 객관적 사실로 착각한다.

단순함과 낙관론에 빠진 지성의 폐허다. 희생적이고 매력적이어서 내 가슴을 떠나지 못하는 지도자들에게 그런 흔적이 있으니, 그 안타까움이란 다산에 대한 것만큼이나 크다. 생존을 좌우하는 문제를 동네 정비사업 다루듯이 하는 얇은 지성을 벗어나야 한다. 지금부터라도 독립적 사유를 시도하는 지성의 두께를 갖출 일이다.

지식인의 몰락

질서 정연하고 평화로운 촛불 행진은 파괴력 있는 영향력을 바로 보여주는 폭력에 대한 유혹을 견뎌 내고 있다. 이것은 대한민국 국민이 진보했다는 것을 알려주는 표징이다. 퇴행적인 지배층과 달리 일반 국민은 진보하고 있다.

그런데 이 진보의 의미는 겉으로 보이는 '평화' 그 자체가 결정하는 것은 아니다. 더 근본적인 이유는 오히려 '평화'를 가능하게 한 배후의 덕목에 있다. 사실은 이 배후의 덕목이 힘을 발휘해서 집회를 '평화'로 채운 것이다. '유혹을 견디는 힘', 다시 말해 '유혹에 저항하는 힘'이 우리에게 평화를 선물했다. 촛불 속에서 빛나는 국민의 진보는 근본적으로 여기서 발견된다. 윤리적으로 성장했다는 점, 이것이 진보다.

촛불 행진을 야기한 '박근혜 국정농단' 안에서 내내 아쉬움을 남기는 것이 있다. 바로 지식인의 몰락이다. 최순실의 딸 부정 입학에도 다 교수들이 개입되어 있었고, 공조직의 사적 유용도 다 고시를 통과하거나 해외에서 박사학위를 받은 영재급 인재들이 동조하거나 주도하여 벌인 일들이다. 국정이 농단될 때, 그런 지식인들이 부화뇌동하지 않고 한 번만이라도 '저항하는 힘'을 발휘했다면 이런 일이 벌어지지 않았을 수도 있다.

강남의 어떤 아줌마에게 '지시'를 받을 때, 한 번만이라도 지식인으로서 가져야 할 최소한의 자부심이나 자존감 혹은 윤리의식이 스쳐 지나가기만 했어도 나라를 이 지경으로 만들지 않았을 수 있다. 지금은 분명 많이 배워 상층부를 이룬 기득권층에 더 큰 문제가 있다. 이들은 대부분 지식인이다.

지식이란 근본적으로 윤리적이다. 모든 지식은 '병'을 치료한 결과들이 지적인 장치로 체계화된 것인데, '치료'라는 것 자체가 원래 윤리적인 행위이기 때문이다. '병'을 일반적으로는 '문제'라고 말한다. 그래서 지식인은 원래 시대의 문제를 발견하는 예민함과 그 문제를 해결하려는 헌신성을 지녀야 하는 존재다. 이때 '문제'는 자기가 발견하지만, 그것이 시대를 공유하는 다른 사람들에게도 모두 해당된다는 점에서 '공적公的'이다. 문제를 발견하면 지적이고, 문제를 발견하려 하지 않으면 지적이지 않다. 문제를 해결하려고 거기에 헌신하면 지적이고, 그렇지 않으면 지적이지 않다. 모든 학문 분야에 해당되는 말이다.

중국 고대의 주나라가 멸망하고 나서 잡초가 무성한 폐허의

왕궁 터를 지나던 한 지식인이 읊은 시다.

> 기장만 무성하고, 피들이 가득 싹을 틔우는구나. 걸음은 더디고 마음속은 어지럽다. 나를 아는 사람은 나의 마음이 아프겠다 하는데, 나를 모르는 사람은 나에게 무엇을 찾는가 한다. 아득한 푸른 하늘이여, 이것이 누구의 탓입니까?
>
> (『시경·왕풍王風』)

지식인은 자기에게 필요한 무엇을 찾는 사람이 아니라, 시대를 아파하는 사람이다. 시대가 앓는 병을 함께 앓는 사람이다. 아득한 창공을 보며, 시대를 허물어지게 한 원인을 묻는다. 여기서 비로소 공적이고 윤리적인 치료 행위가 시작된다. 비로소 지식인으로 등장하는 길에 들어선 것이다.

지식의 건립은 병을 치료하는 윤리적 행위의 결과다. 이런 과정에 참여하는 지식인은 당연히 공적이고 윤리적으로 성장한다. 그러나 이런 과정을 직접 실현하지 않고, 실현된 결과들을 수용만 하는 지식인들에게는 공적이고 윤리적인 훈련을 받을 기회가 사라진다. 생각하지는 않은 채 다른 사람이 한 생각의 결과를 받아들이기만 하고, 문제를 발견하려 덤비지는 않은 채 문제를 해결한 결과들만 수용하는 방식으로 성장한 지식인은 윤리적일 수 없다. 저항하는 힘이 있을 수 없다. 자존감도 없고 자부심도 없다. 자기에게 필요한 것만 찾는 탐욕에 지배당한다.

지금 혼란은 지식인을 제대로 키우지 못한 업보를 겪는 일인지도 모른다. 잘못 성장한 지식인들의 역할은 이제 끝났다. 그들이 기득권을 유지하는 한, 촛불의 희망은 달성되기 어렵다. 세대교체가 필요하고, 혁명이 필요한 이유다. 교육의 본바탕을 회복하는 일이 절실하다.

과거와 벌이는 전면적 투쟁

 인간이 멸종되지 않고 지금까지 이어져 온 가장 근본적인 이유는 환경의 변화에 적응하며 스스로 변화했기 때문이다. 인간을 포함하여 어떤 종도 변화에 실패한 것들은 지금 남아 있지 않다. 인간뿐만 아니라 다른 종도 남아 있는 것은 죄다 변화의 명수들이다. 변화가 핵심이다.
 그런데 왜 어떤 것은 변화를 감행하여 살아남고, 어떤 것은 변화에 실패하여 사라지는가. 그 자세한 작동 원리야 밝힐 수 없지만, 익숙한 상태를 고집하느라 정해진 틀을 벗어나지 못했기 때문이라는 설명은 할 수 있다. 변화하여 진보하는 일을 우리는 진화라고 한다. 결국 진화의 실패는 변화의 실패다.
 진화는 미래를 향해 변화하는 일이다. 그러려면 반드시 지금 현재의 실존적 상황을 자극제로 삼아 과거와의 투쟁을 감행하여 과격한 각성을 도출해야 한다. 이것이 이른바 반성이다. 변화를 통과하여 미래를 향해 탄력을 받아 튀어 나가려면 반성이 먼저 있어야 한다. 반성은 과거와 벌이는 전면적인 투쟁이다. 반성이라는 점화 장치를 통해 생물학적 진화뿐 아니라 정치적 진화도 실현된다. 인격적인 성숙도 결국은 반성의 축적일 뿐이다. 이쯤에서 『논어』에서 인격적인 성숙을 위해 증자가 매일 세 가지 질문으로 스스로 반성하는 삶을 살았던 것(吾日三省吾身)을 강조하는 이유를 짐작할 수 있다. 반성으로만 발전이 약속되기 때문이다.

중국에는 이런 이야기가 전해 온다. 고대의 하나라 때, 제후인 유호씨有扈氏가 반란을 일으켜 쳐들어 왔다. 하나라의 우임금은 그의 아들 백계伯啓를 파견했는데, 백계는 전투에서 패하고 말았다. 부하들은 분을 참지 못하고 반격하자고 주장하는데, 백계가 진정시키며 다음과 같이 말한다.

"그럴 필요 없다! 우리 군사가 그들보다 많고, 진지도 더 큰데, 우리가 졌다. 이것은 분명히 내 덕이 그만 못하고, 군사를 움직이는 기술이 그만 못했기 때문이다. 오늘부터 내 잘못을 고쳐 나가겠다."

이때부터 백계는 매일 일찍 일어나 근무하고, 차와 음식마저도 거칠고 간단하게 섭취했으며, 능력 위주로 사람을 쓰고, 덕이 높은 사람을 받들었다. 이렇게 하며 1년을 보내자 유호씨가 스스로 와서 투항했다.

아무리 불행한 일도 그것이 이미 펼쳐져 버린 상태라면, 그것은 바로 중립적인 객관물로 바뀐다. 그것은 이제 다루어지기를 기다리는 맥없는 대상일 뿐이다. 잘 다루면 오히려 더 큰 행복으로 바뀔 수도 있고, 잘 다루지 못하면 가속도가 붙어 더 큰 불행으로 귀결될 뿐이다. 잘 다루면 전화위복의 계기가 되고, 잘못 다루면 늪이다. 대학입시 낙방도 그렇고, 국회의원 낙선도 그렇고, 회사의 부도도 그렇고, 이별도 그렇고, 질병도 그렇고, 바닥이 없는 가난도 그렇다. 당연히 전투에서의 패배도 그렇다.

백계는 불과 1년 만에 싸우지도 않고 유호씨의 항복을 받아냈다. 백계가 발전하여 더 강해졌기 때문이다. 그렇다면 백계는 어떻게 강해질 수 있었는가. 패배의 원인을 자신에게서 찾는 진실한 반성을 했기 때문이다. 반성은 삶을 전혀 다르게 만든다. 스스로 와신상담의 시간을 갖게 한다. 반성은 그동안의 익숙함에서 벗어나 새로운 시도를 하게 한다. 백계는 구체적인 행동으로 자신의 반성을 증명하며 스스로를 단련했다.

'박근혜 국정농단'은 내용 자체의 수준이 너무 낮고 천박하여 다른 나라 사람들이 알까 두렵다. 참 창피한 일이다. 하지만 이런 일이 일어나서 창피한 것보다 더한 창피가 있다. 바로 당사자들의 반성이 없는 것이다. 어차피 대통령은 반성 능력 자체가 없어 보이지만 이화여대의 그 많은 교수들, 청와대의 그 많은 관료들, 새누리당의 그 많은 정치꾼들 가운데 어떻게 반성하는 사람 하나 없단 말인가. 어떻게 스스로 물러나는 사람 하나 없단 말인가.

이것이 우리의 민낯이다. 정말 큰 문제고, 더 창피한 일이다. 개선의 빛을 차단해 버리는 무반성의 태도들은 우리를 창피를 넘어 두려움과 절망에 빠지게 만든다. 그렇다고 하여 필부인 나에게는 아무런 책임도 없겠는가. 나부터 우선 반성의 결단이 필요하다.

잡스러워진 손에 담아야 할 것

　대한민국의 근본정신은 헌법 '전문'에 담겼다.
　"대한민국은 우리들과 우리들의 자손의 안전과 자유와 행복을 영원히 확보할 것을 다짐한다."
　헌법에 국가의 원수로 규정된 대통령은 안전과 자유와 행복을 확보할 것을 사명으로 가진 사람이다.
　이 사명을 달성하려면 반드시 두 가지가 필요하다.
　하나는 직접적인 힘이요, 다른 하나는 힘의 원천이다. 결국 국방과 조세(경제)다. 이렇게 본다면, 국가의 목표는 당연히 부국강병이다. 이제는 좀 촌스러운 말처럼 들리게 되었지만, 국가에 이것이 가장 근본이라는 점은 분명하다. 나라 안에서 벌어지는 모든 논쟁은 그것이 아무리 아름답고 순수하더라도 부국강병에 도움이 안 되는 것은 멀리하고, 도움이 되는 것은 가까이 둬야 한다. 물론 통치자의 처지에서 하는 말이다. 이것이 어떤 한 기관이나 조직이나 개인과 국가가 다른 차원이 되는 지점이다.

동네에서 살인은 중죄지만, 전쟁터에서 적군을 죽이는 것은 큰 명예다. 폭력을 위임받지 않은 국가 내의 작은 조직이나 개인들과, 폭력을 위임받은 국가 사이의 차이다. 권력을 다툴 때는 내 울타리 밖에 있던 반대 세력조차도 권력을 잡고 나면 내 뜰 안에 들어와 있다. 반대자도 품을 수밖에 없는 운명 속으로 빠진다. 울타리가 갑자기 넓어져 버린 것이다. 이 차이를 분간하지 못하면 정당 지도자에서 국가 경영자 혹은 통치자로 변신하지 못한다.

우리나라는 제2차 세계대전 이후 신흥국 가운데 거의 유일하게 정치 발전과 경제 발전을 동시에 이룬 나라다. 하지만 '정치' 부문에서의 발전은 경제에서의 그것보다 더 울퉁불퉁하고 전진과 후퇴에 질서가 없다. 끝이 좋은 대통령을 갖지 못한 것만 봐도 안다. 그것을 실패라고 말할 필요까지야 없겠지만, 왜 모두들 끝이 안 좋았을까.

정치 지도자에서 국가 경영자 혹은 통치자로 변신하는 데 실패했기 때문이다. 정치는 명분과 이념으로 덤비는 것이 매우 효과적이다. 선명성도 높이고 전투력도 배가시킬 수 있다. 세를 결집시키는 데에도 효율적이다. 그렇게 해서 권력을 잡는 데 성공하면 그 승리에 취해 변신을 시도할 엄두를 내지 못하고, 사용했던 그 방법을 그대로 계속 사용하다가 차원이 다른 국가 레벨의 경영에는 실패한다.

　정치 지도자일 때 명분과 이념으로 재미를 보았더라도 국가 지도자는 명분과 이념을 버리고 철저히 부국강병에 초점을 맞춰야 한다. 순수한 명분을 버리고 잡스러운 이익 쪽으로 무게중심을 이동해야 한다. 명분은 구분의 정치력이다. 이익은 통합의 토대다. 이념과 명분이 강조되는 한, 통합이라는 구호가 실제로는 또 하나의 배제가 될 가능성이 크다.

　중국에는 새로운 이념으로 통일 대업을 이루고도 경제를 파탄 내서 결국 국력을 소진한 두 영웅이 있다. 진시황과 마오쩌둥이다. 한편, 극단적 이념의 지속적인 적용이 얼마나 허망한가를 본 다음 지도자들은 과감하게 명분과 이념을 버리고 모두 '이익'에 집중하여 위대한 성취를 이룬다. 유방과 덩샤오핑이다. 유방은 진시황의 중앙집권 체제 이념을 버리고, 반동 세력이던 지방분권 체제를 과감하게 수용하여 두 세력을 공존시키며 큰 업적을 남긴다. 덩샤오핑도 마오쩌둥의 극단적 이념성을 버리고, 검든지 희든지 고양이는 쥐만 잘 잡으면 된다고 하면서 철저히 '이익'에만 집중한다. 큰 성취가 이뤄지는 토대는 명분이 아니라 이익이다.

　명분은 순수하고, 이익은 잡스럽다. 당연히 통치자는 스스로를 더럽히고 욕보이더라도, 국민들은 깨끗하고 명예롭게 살도록 해주는 존재다. 자기를 순수하고 명예롭게 만들려고 애쓰기보다 오히려 잡스러워진 손에 그 명예와 순수를 담아 국민들에게 쥐여 주려는 존재다. 옛날에도 통치자들이 자신을 고孤, 과寡, 불곡

不穀, 짐朕 등과 같이 아주 비루한 언어로 칭한 이유가 여기에 있다. 그래서 통치자가 되는 순간 그 사람은 명분을 공유하던 정치 동지들과 달라져야 한다. 통치자로 변신하면서 하지 않으면 안 될 심리적 결별이다. 그 사람은 고독하다.

명분은 순수하고, 이익은 잡스럽다.
당연히 통치자는 스스로를
더럽히고 욕보이더라도,
국민들은 깨끗하고 명예롭게
살도록 해주는 존재다.
자기를 순수하고 명예롭게 만들려고 애쓰기보다
오히려 잡스러워진 손에
그 명예와 순수를 담아
국민들에게 쥐어 주려는 존재다.
통치자가 되는 순간
그 사람은 명분을 공유하던 정치 동지들과
달라져야 한다.
통치자로 변신하면서
하지 않으면 안 될 심리적 결별이다.
그 사람은 고독하다.

움직임, 그곳에서, 홀로

 동아시아 사람들이 정치를 입에 올릴 때, 흔히들 다음 문장을 가장 먼저 들곤 한다. 공자는 "정치란 바르게 하는 것"(政者, 正也. 『논어·안연顔淵』)이라고 한다. 백성들을 위에서 계도하고 지도하며 계몽해야 한다는 권위적 선의지가 드러난다. 180여 년이 지나고 나서야 정치 지도자의 시선은 아래 백성들 곁으로 조금 내려온다. 바로 맹자의 한마디다. 맹자는 정치의 요체란 "백성들과 함께 하는 것"(與民同樂. 『맹자·양혜왕하梁惠王下』)으로 본다. 백성들의 움직임에 맞추어야 정치가 제대로 된다고 말한다.

 '백성들의 움직임'이 통치자가 맞추어야 될 것으로 요청되는 데에 머물지 않고, 동치자의 입지를 흔들어 버릴 힘이 있는 위협적인 것으로까지 포착되는 단계는 반세기경 뒤의 순자에 이르러서다. 순자는 인용하여 말한다. "군주는 배고, 백성은 물이다. 물은 배를 띄우기도 하지만, 뒤집기도 한다"(君者, 舟也. 庶人者, 水也. 水則載舟, 水則覆舟.『순자·왕제王制』).

'백성들의 움직임'을 중시하는 이유는 바로 거기에 '세계의 움직임'이 감춰져 있기 때문이다. 통치자는 독재자건 민주적 절차를 거쳐서 선출되건 간에 자신이 권좌에 오르던 시점에 갇히기 쉽다. 물론 통치자 밑에서 발걸음 바쁜 정치꾼들도 '배에 오르던' 그 자리를 자기가 고수해야 할 마지막 초소로 여긴다. 정치를 시작하던 그 시점에 갇힌 사람들은 '흔들리지 않으려는 배'다. 배가 물 흐름을 무시하고 앞으로 나아갈 수 있을까? 세계의 변화에 맞추지 못하는 정치는 죽은 정치다. '백성들의 흐름'에 맞추지 못하는 정치는 곧 뒤집힐 배다. 지금 한국의 배들은 모두 흔들리는 물 위에서 정박의 꿈만 꾸고 있다.

한국의 정치는 소란스럽지만 박제되어 있다. 그 박제된 틀로 오히려 역동적인 백성의 흐름을 방해하려고만 든다. 결국 닥치고 나서야 발견되는 극단적 비효율 속으로 국가를 끌고 가버릴 태세다. 이렇게 박제된 정치는 마침내 대한민국을 '두 국민 국가'로 만들어 가고 있는 것이 아닌가.

모두들 웃을지도 모르겠다. 철없이 한국의 정치사를 단순화해보자. 해방 후 지금까지 한국의 정치는 이승만과 김구의 대결 구도 그대로다. 이승만/김구, 친미/반미, 반북/친북, 보수꼴통/종북좌빨, 경상도/전라도, 우파/좌파, 성장/분배, FTA 찬성/반대, 밀

양송전탑 찬성/반대, 선택적 복지/보편적 복지, 제주해군기지 찬성/반대, 박정희/김대중, 이명박/노무현, 조선일보/한겨레신문, 국가/민족, 사드배치 찬성/반대, 새누리당/민주당.

서로 겹치는 면도 없지 않다거나 경상도 사람 가운데도 박정희 싫어하는 사람 있고, 전라도 사람 가운데도 박정희 좋아하는 사람 있다거나 하는 말로 이 극단적 단순화를 무화시키려 하지 말기 바란다. 그래도 차츰 나아지고 있는 것 아니냐는 달래기도 사실을 반영하지는 못할 뿐이다. 어떤 이는 대한민국 대통령 후보자로 나왔으면서도 현충원 참배 시 참배할 대통령과 참배하지 않을 대통령을 구분하여, 특정 대통령 묘소에는 굳이 가지 않았다. 도지사 출마하겠다는 어떤 이도 박정희 대통령 묘소에는 가지 않겠단다. '두 국민 국가'인 것이다.

'두 국민 국가'로 나아가는 길이 모든 사람들에게 불리한 것은 아니다. '두 국민 국가'를 조장하는 정치인들은 서로 적대적 공생관계를 유지하며 '정치 동네'의 공고한 기득권을 유지한다. 서로 욕하지만 사실은 서로 돕는다. 국가적 비효율과 국민적 불안을 대가로 호의호식하는 것이 우리의 정치인들이다. 좋은 학벌, 번지르르한 웅변, 핏발 선 눈은 정치인을 조국과 민족을 위해 헌신하는 '훌륭한' 인격으로 조작하는 데 매우 큰 효과를 발휘한다. '우매한 대중'을 속이기란 더욱 쉬운 일 아닌가.

몇 해 전 한국 정치사에 보기 드문 신기한 일이 일어났다. 정작 당사자는 서울시장 보궐선거에 참여하겠다는 의사를 표시하지 않았음에도 대중들은 앞서서 먼저 그를 가장 적합한 시장 감으로 떠받들 뿐만 아니라, 심지어는 대통령에 나서겠다는 말조차 없는데도 대중들은 서둘러 강력한 대통령 감으로 추앙했다. 대통령 선거 1년 전에 벌써 그는 33.7퍼센트라는 지지율(2011년 11월 15일 모노리서치)로 당시 박근혜 후보와 공동 1위에 올라섰고, 대통령 출마 선언을 하기 석 달 전에는 이미 박근혜 후보(47.1퍼센트)를 0.9퍼센트(2012년 6월 24일 리얼미터) 앞서는 기염을 토한다. 이른바 '안철수 현상'이었다.

왜 이런 신기한 일이 벌어졌을까? 이승만과 김구의 대결 구도가 60년이나 지속되는 것에 염증과 불안을 느낀 국민들이 새로운 빛을 보려고 몸부림을 친 게 아니겠는가. 한나라당도 민주당도, 이승만도 김구도 이제는 아니라고 느꼈기 때문이다. 정치가 해방 후에 만들어진 이슈와 어젠다를 21세기까지 끌고 오는 것에 불안을 느낀 것이다.

'안철수 현상'은 우리에게 비로소 새로운 가능성으로 다가왔다. 국민들은 새롭게 전개되는 세계의 흐름을 새로운 시선(정치)으로 관리하고 싶어 했다. 모든 창의적 실천은 — 그것이 정치라고 할지라도 — 낡은 프레임을 버리고 새로운 프레임으로 이동하는 일이다. 새로운 프레임을 암시하는 구체적 사건들이 벌어지는 곳이 바로 국민들의 삶의 현장이다. '백성들의 움직임'을 따라야 하는 이유가 바로 여기에 있다. 거기에만 '전진'의 길이 숨겨져 있다. '진보'는 바로 거기에 있기 때문이다. 국민들은 새로운 프레임으로 이동하지 못하는 한국 정치에게 '안철수 현상'을 가져다주었다. '두 국민 국가'를 조장하는 세력이 아닌 사람에게 새로운 프레임을 부탁하고 싶었던 것이다.

'안철수'는 '안철수 현상'을 인지하지도 못했고, 감당할 공력도 없었다. 대선 출마 선언 보름 전에 나온 그의 첫 정치적 발언이라는 것이 한나라당을 "역사를 거스르는 세력"으로 규정하고 반한나라당을 선언한 것이다. 한나라당이 역사를 거스르는 세력일 수도 있다. 그러나 이 선언으로 그는 새로운 프레임을 갈망하는 백성들의 뜻과는 달리 스스로 기존의 프레임 속으로 뚜벅뚜벅 걸어 들어갔다. 스스로!

역사는 어느 한편의 것일 수 없다. 대한민국의 역사는 이승만과 김구가 함께 만든 것이다. 그러나 그는 한편을 선택하여 기존 프레임으로 걸어 들어간 후, 기껏 하는 일이 후보단일화였다. 적어도 창조적 흐름을 요청받은 사람의 일은 아니었다.

그는 혼자 걸었어야 했다. 모든 창의적 길은 혼자 걷는 길임을 그는 아직 몰랐다. 거기에 승리가 준비되어 있음도 알지 못했다. 정치라는 배 위에 오르면 배 위의 일이 세계인 줄 안다. 배 안에 갇혀서 물처럼 흐르는 백성들의 움직임을 알지 못하면 배 뒤집힐 날조차 예견치 못하리라. '현상'을 감당할 큰 함량의 인물이 아직 오지 않은 것만은 분명하다.

무거운 주제에
관한
가벼운 이야기

불손함이 빚어내는 생각의 기울기

1

왜 철학 공부를 하기로 했었는지, 기억이 분명하지 않다. 아마 눈에 보이는 것 너머에 있을 것 같은 진실에 대한 어떤 꿈을 좇았던 것 같다. 사실 그 진실은 나에게 그냥 모호하고 정체도 없고 있을지도 없을지도 모르는, 그냥 그런 것이었다.

10대 초반부터 답답하고 갑갑했다. 뭔가 넘고 싶었다. 시를 읽었던 것 같다. 아마 내 지구력은 단편소설 정도의 길이도 감당이 되지 않았기 때문에 몇 줄 되지 않은 시를 읽었을지도 모를 일이다. 짧은 문장들로 조직된 시가 긴말 하지 않고 나를 이리저리 넘겨주는 탄성을 간간이 느끼기는 했다. 잡다한 놀이들과 시 이외의 다른 것에는 재미를 붙이지 못했다. 그래서 부모님 말씀을 듣지 않으면 안 되었던 아주 어린 시절 말고는, 어떤 권위도 다 시큰둥했다. 모범생 얼굴을 가졌지만, 내면은 거칠고 삐딱했던 것 같다.

정해진 것들은 나에게 모두 울타리였다. 편안함도 주지만, 결국은 나를 막아서는 울타리 말이다. 지금은 돌아가고 싶은 곳이지만, 그때 시골의 내 고향은 하도 답답하고 가난해서 뛰쳐나가지 않으면 그대로 말라 죽어 버릴 것만 같았다. 기억을 글로 옮겨 놓고 보니, 크고 힘찬 무엇을 마음속에 품고 있었던 꽤 가능성 있는 어린애로 꾸며진 것 같으나, 결코 그렇지는 못했다. 사실 일찍부터 오리무중, 야반삼경을 헤맸을 뿐이다.

대학 때 문과 계열로 들어와 철학과를 선택했다. 260명 문과 계열 학생들 대부분이 신방과나 영문과를 택했다. 다른 친구들이 이상하게 보았지만 3명은 철학과를 선택했다. 철학과를 선택한 그 결정도 어찌 보면 나에게는 다른 친구들이 보내는 그 이상한 눈빛 때문이었을 수도 있다. 철학이 무엇인지도 모르고 단지 친구들이 이상하게 보기 때문에 무턱대고 철학과를 갔을 수도 있다. 이상한 것을 차라리 더 좋게 보던 삐딱한 심리는 꽤 오래가고 있다. 철학이 무엇인지도 모르고, 그냥 그렇게 철학 공부를 시작했다.

2

　철학 공부를 시작하면서 '무엇'을 공부할까를 고민했던 것 같다. 칸트를 공부할까, 장자를 공부할까, 서양 철학을 공부할까, 동양 철학을 공부할까. 어떤 훌륭한 철학자가 건립해 놓은 튼튼한 '내용'과 '체계'를 잘 공부하는 데에 많은 노력을 경주하려고 했었다. 굳건한 울타리를 가지려고 했다고나 할까. 공부를 잘하지 못했다. 공부가 그다지 재밌지도 않았다. 술집과 여행길에 더 많은 정력을 쏟아 부었다. 철학을 공부했지만, 철학적이지 못했던 것 같다. 나의 답답증은 끝나지도 않고, 오히려 더 두터워져 버렸다. 막판에는 박사학위라도 받지 않으면 안 되게 내몰렸다. "난 이제 모르겠다" 하는 심정으로 갑갑증은 갑갑증대로 남겨 두고 학위를 마무리하는 데에만 집중하기로 했다. 그러자 일은 매우 단순해졌다.

　그런데 답답하게 얽힌 마음을 정리하지 않고 차라리 그대로 내버려 둔 채, 논문 쓰는 데만 집중하니 이상하게도 마음이 편해졌다. 공부도 재밌어졌다. 내 인생에 그렇게 재미를 붙이고 무엇인가에 집중했던 경우는 처음이다. 복잡한 마음을 복잡한 대로 방기해 버린 채 정리를 포기해 버리니 마음이 오히려 단순해져 버린 느낌이었다.

　어린 시절, 콩 두어 말 정도를 펼쳐 놓고 그 가운데서 벌레 먹은 놈을 골라내 본 적이 있다. 시작하기 전에는 어떤 궁리를 해서 빨리 끝내고 밖으로 나갈까 하는 생각밖에 없었다. 그러다가 일순 밖에 나가 노는 일이 이미 불가능하다는 것을 깨닫고는 만사를 포기해 버린다. 그러고 나서는 벌레 먹은 콩을 골라내는 단순하고도 단순한 일을 하기 시작한다. 그저 단순한 동작의 반복일 뿐이다.

그런데 이상하게도 벌레 먹은 콩을 골라내는 단순한 동작을 반복하고 반복하다 보면, 어느새 내가 솜털처럼 가벼워지는 느낌에 이른다. 틀을 가지고 무겁게 내려앉아 있던 내가 사라지고 어떤 비정형非定形의 운동만 남은 상태에 뒤섞여서 이리저리 흔들리는 느낌. 텅 비어 버린 느낌. 어디로든 튈 수 있을 것 같은 비스듬한 자세. 그때 나는 어떤 무한성無限性의 자유 같은 것을 느꼈던 것 같다. 내 박사학위 논문을 쓰는 시간들은 나에게 벌레 먹은 콩을 골라내는 동작이 끌고 갔던 그 지경을 다시 만나게 해줬다. 운동만 남고, 내용은 사라진 어떤 지경. 철학이 무엇인지 조금 알 것 같았다.

3

철학이 무엇일까? 많은 대가 철학자들이 자신의 학문이 원숙해진 단계에 이르러서야 써내는 저술의 제목이 대개 "철학이란 무엇인가?"다. 그런데 그 저술의 내용들은 극적으로 서로 다르다.

벌레 먹은 콩을 골라내는 단순한 동작을
반복하고 반복하다 보면,
어느새 내가 솜털처럼 가벼워지는 느낌에 이른다.
틀을 가지고 무겁게 내려앉아 있던 내가 사라지고
어떤 비정형非定形의 운동만 남은 상태에 뒤섞여서
이리저리 흔들리는 느낌.
텅 비어 버린 느낌.
어디로든 튈 수 있을 것 같은 비스듬한 자세.
그때 나는 어떤 무한성無限性의 자유 같은 것을
느꼈던 것 같다.
내 박사학위 논문을 쓰는 시간들은
나에게 벌레 먹은 콩을 골라내는 동작이 끌고 갔던
그 지경을 다시 만나게 해줬다.
운동만 남고, 내용은 사라진 어떤 지경.
철학이 무엇인지 조금 알 것 같았다.

각자 자신의 철학을 얘기할 뿐이다. 그렇다면, 나에게 이제 철학은 무엇일까? 철학이 무엇인지를 가늠하기 위해서 '철학'의 최초 장소로 돌아가 본다. 거기서 우리는 철학사를 기술한 거의 대부분의 저술에서 '최초'라는 칭호를 붙여 주는 탈레스를 만나게 된다. 하지만 버트런드 러셀은 탈레스를 최초의 철학자라고 평가하는 일에 대해 불만을 숨기지 않는다. "이 세계의 근원은 물이다"고 말한 탈레스의 주장에 '철학의 최초'라는 명예를 얹어 주는 일은 "철학에 대한 존경심을 느끼려 애쓰는 초심자에게 실망만 안겨 준다"는 것이다. 러셀은 탈레스를 "철학자보다는 과학자로서 존경해야 할 것이다"고 말한다.

펠릭스 가타리와 함께 『철학이란 무엇인가』를 펴낸 들뢰즈는 또 러셀을 철학자라기보다는 논리학이나 수학에 매몰된 사람으로 치부한다. 들뢰즈에게 철학의 중요한 과제는 명제의 분석보다는 개념의 창조이기 때문이다. 내재성의 철학이니 유목민의 철학이니 하는 말들도 모두 개념의 창조와 연관된다. 러셀에게는 매우 혼란스러운 것으로 간주될 수 있는 경험이란 것이 들뢰즈에게는 오히려 철학이 생동하는 중요한 광장으로 등장한다.

탈레스, 러셀, 들뢰즈 등은 모두 철학자지만, 또 모두 상대방을 철학자가 아니라고 서로 비판한다. 철학에서 이런 혼란스런 일이 벌어지는 이유는 무엇인가. 그것은 '철학'이 특정한 '내용'으로 규정되지 않고, 철학적인 '활동'으로만 되어 있다는 뜻이다. 풀어서 말한다면, 철학은 앞사람이 개척하여 남긴 등산로를 누가 더 빨리 오르느냐의 문제를 해결하는 것이 아니다. 정해진 등산로를 오르는 방법과 기술, 혹은 몰두가 아니다. 그것은 오히려 새로운 등산로를 개척하는 일이거나, 산을 누리는 방법 자체에 관한 활동이다. 산의 존재 의미를 새롭게 하는 활동이다. 심지어는 산을 오르는 일 자체가 자전거 타는 일이나 요트 타는 일로 대체되어 버리기도 한다.

다시 러셀과 탈레스로 가 보자. 러셀이 탈레스를 철학자보다는 과학자로 부르는 것이 낫겠다고 한 것을 보면, 그는 아마 탈레스가 한 '철학적 활동'보다는 탈레스가 주장한 그 '명제의 내용'에 집중해서 판단하고 있는 듯하다. '세계의 근원'에 대하여 탈레스가 한 '생각'에 집중하지 않고, '물'이라는 내용에 집중하여 한 평가다. 탈레스를 최초의 철학자로 만든 것은 만물의 근원에 대하여 물이라고 한 주장의 '내용'이 아니라, 그러한 내용의 주장이 나올 수 있도록 탈레스 스스로 걸은 사유의 여정에 있다.

탈레스가 '최초'로 등장하기 전에 그리스 사람들은 만물의 근원에 대하여 반드시 '신'의 존재를 떠올렸을 것이다. 모두 만물의 근원을 신이라고 믿을 때, 탈레스는 혼자서 '생각'하여, "아니다! 만물의 근원은 물이다!"고 말한다. 삐딱하기 이를 데 없고, 저항적이고 반항적이다. 이런 불손한 태도들을 한데 모아서 우리는 '독립적'이라고 부른다.

탈레스가 철학자인 점은 '물'이 아니라 바로 여기에 있다. 탈레스는 당시의 시대를 믿음이 지배하던 세계에서 생각이 주도권을 잡는 세계로 끌고 나왔다. 인류 최초의 일이다. 그래서 그는 최초의 철학자가 된다. 이런 상식적인 설명을 나는 왜 주저리주저리 하고 있는가. 아직도 우리에게는 철학의 내용과 방법에 대한 교조적인 믿음을 가지고서 마치 이데올로기 경쟁을 하듯 다른 분야들끼리 서로 상대하는 모습이 있기 때문이다.

탈레스가 보여주듯이 철학의 탄생은 신으로부터 감행한 인간의 독립에 있다. 결국은 독립 정신이다. 믿음으로부터의 독립이다. 그것이 진리가 되었든, 신념이 되었든, 이념이 되었든, 믿음을 갖는 일은 철학하기와는 거리가 있다. 모든 믿음은 정지한 것이고, 완벽하다고 설치는 것이고, 지나간 것을 지키는 일이고, 다가오는 것을 비웃는 일이다. 뿌리박는 일이고, 고정시키는 일이고, 정해진 틀을 지키는 일이다.

생각이 작동하는 순간 이미 정해진 모든 것이 답답하게 느껴진다. 움직이게 된다. 몸은 기존의 틀 속에 있어도, 눈은 다가오는 새로운 빛을 본다. 다가오는 세계의 빛을 본 눈은 자신의 몸을 앞으로 기울게 만든다. 여기서 만들어진 기울기가 바로 누군가를 최초로 만들고 철학자로 만든다. 생각이 빚어낸 기울기, 철학의 터전이다. 인간으로서의 탁월함이 등장하는 텃밭이다. 이 탁월함은 인간을 창조자로 만들고 독립의 기풍을 선사한다.

4

철학은 결국 인간의 독립적인 활동이다. 그것도 생각하는 활동이다. 독립적인 생각의 활동을 했다는 점에서 탈레스도 러셀도 들뢰즈도 철학자들이다. 각자 서로 무시하더라도 말이다. 그렇다면 그 독립적인 생각의 활동의 결과물이 왜 그렇게 서로 다를 수 있을까? 그것은 철학자들이 관찰하고 생각해야 하는 대상들이 다르고, 해결해야 할 문제가 다르기 때문이다. 시대가 다르기 때문에 거기에 따라 문제가 달라진 것이다. 해결해야 할 문제가 다르다면, 방법도 달라져야 한다. 그렇다면 철학은 시대를 마주하고 하는 생각의 활동일 뿐이지, 특정한 내용으로 결정될 일은 아니다. 결국 독립의 여부로만 따져 볼 일이다.

철학을 과대평가한다는 비판을 받을지도 모르겠다. 나는 한 나라의 전체적 수준을 평가하는 방법으로 그 나라에서 생산된 박사학위 논문의 형태를 들여다보는 것보다 더 좋은 방법은 없다고 생각한다. 그 나라에서 생산된 박사학위 논문들의 모습이 산업의 모습이고 정치의 모습이고 문화의 모습이며 결국 삶의 모습이다.

1926년 경성제국대학에 철학과가 세워진 이래로 지금까지 한국에서 생산된 박사학위 논문의 거의 대부분은(100퍼센트라고 해도 틀리지는 않을 것이다) 선진국 철학자들의 철학을 연구 분석하는 것들로 채워져 있다. 먼저 나온 세계관을 해석하거나 이해하려고 하는 '무엇에 관한 연구의 틀'인 것이다. 예를 들어, 미셸 푸코의 『광기의 역사』나 질 들뢰즈의 『차이와 반복』 같은 책들은 그들의 박사학위 논문들이다. 이렇게 먼저 독립적인 표현이 드러나면, 우리는 그것들을 받아서 들뢰즈의 무엇에 관한 연구, 혹은 푸코의 무슨 개념에 관한 연구 등의 형식으로 박사학위 논문을 생산한다. 물론 이런 연구의 태도가 선진국에도 없지는 않다. 새로운 세상에 대한 전망을 밝혀 준 마르크스의 박사학위 논문도 『데모크리토스와 에피쿠로스 자연철학의 차이』였던 것처럼 말이다.

하지만 한국에서는 모두 다 천편일률적으로 이해와 분석에 관한 것으로만 채워져 있다는 것이 문제다. 철학이 이처럼 독립적이지 못하다면, 우리의 모든 분야가 독립적이지 못하다는 얘기다. 종속적 삶이 있을 뿐이다. 종속적 삶이 종속적으로 보이지 않도록 자기 최면을 스스로 강화한다. 전체적으로 창의의 기운은 없고, 훈고의 답습만 있다. 철학은 이렇게 국가와 민족의 삶을 결정한다.

5

세월호 참사 이후, '국가 개조'를 많이 이야기한다. 옳은 일이다. 그렇다면 그 '국가 개조'의 방향은 무엇이어야 하는가? 우리는 지금까지 국가 목표를 적절한 시기에 적절하게 잘 맞추어 왔다. 그래서 우리는 이 정도로 발전한 나라에서 살고 있다. 해방 후에는 국가 목표가 반드시 '건국'(새 정부 수립)일 수밖에 없다. 소란스러운 풍경이 있지만, 그래도 건국이라는 국가 목표를 잘 완수했다. 건국이라는 국가 목표는 잘 설정되었고, 또 잘 실현되었다. 건국 이후의 목표는 당연히 국가를 키우는 데 집중하는 것이어야 할 것이다. '산업화'는 건국 다음에 설정되어야 할 당연한 국가 목표다. 또 매우 적절했다. 현실에 맞는 적절한 어젠다 설정은 국가를 효율적으로 전진하게 한다. 우리는 그렇게 했다. 그 다음에는 당연히 정치적 수준의 상승이 필요했다. 그래서 국가 목표는 '민주화'가 되었고, 그것도 잘 실현되었다.

자! 이제는 무엇이어야 하는가? 이제까지 우리가 견지한 목표의 설정과 실천이 모두 눈에 보이는 차원의 일이었다면, 이제는 눈에 보이지 않은 것들을 읽으면서 하는 차원으로 상승해야 한다. 바로 '선진화'다. 선도할 수 있는 차원으로 상승해야 한다. 음악가가 예술가로 상승해야 하듯이, 중진국에서 선진국으로 상승하는 길을 걸어야 한다.

그런데 그 길은 외부자들의 철학을 이해하고 분석하는 훈고의 기풍을 벗어나서 철학적 활동으로 생기를 되찾는 창의의 여정으로만 실현된다. 철학을 하는 길이 독립의 길이고, 창조의 길이며, 선진국으로 가는 길이다. 그러나 이 길은 불가능성이 훨씬 큰 길이다. 일대 혁명이 아니면 도달하기 어려운 일이다. 선례도 없다. 이제 구체적인 전략과 국민적 합의가 필요한데, 가능할까? 어쨌든 나는 한번 몰두해 볼 요량이다.

6

벌레 먹은 콩을 골라내는 단순한 일을 반복하다가 가벼워진 나는 이미 있는 이론에 철두철미해지기보다는 세계에 직접 한번 닿아 보려고 했다. 이론을 가지고 세계를 보려 하지 않고, 세계에 직접 접촉하여 문제를 만나 보려 했다. 문제가 보이면 그때 필요한 이론을 얻어다 써 보려고 했을 뿐이다. 나는 문제아로 남고 싶었지, 정해진 이론에 의하여 모범적으로 정련되는 것을 싫어했다. 구멍이 좀 듬성듬성 나고 허점이 가려지지 않더라도, 그냥 그렇게 걷고 싶었을 뿐이다.

그렇게 하여 나는 나의 현실에서 생산되지 않았으면서도 고급스런 포장에 담겨 수입된 이론이 나에게 그렇게 큰 가치가 있는 게 아니란 것 정도는 알게 되었다. 내가 철학을 공부하던 그 많은 시간들이 왜 그렇게 재미가 없었는지, 그 이유도 알았다. 적어도 내 생명은 이디에도 종속시키지 않고, 좀 촌스럽더라도 내 것으로만 남기고 싶었을 뿐이다. 나와 철학과 창조와 독립과 국가 개조는 이렇게 해서 한 교차로에 서게 되었다.

벌레 먹은 콩을 골라내는
단순한 일을 반복하다가
가벼워진 나는 이미 있는 이론에
철두철미해지기보다는
세계에 직접 한번 닿아 보려고 했다.
이론을 가지고 세계를 보려 하지 않고,
세계에 직접 접촉하여 문제를 만나 보려 했다. 문제가
보이면 그때 필요한 이론을
얻어다 써 보려고 했을 뿐이다.
나는 문제아로 남고 싶었지,
정해진 이론에 의하여
모범적으로 정련되는 것을 싫어했다.
구멍이 좀 듬성듬성 나고
허점이 가려지지 않더라도,
그냥 그렇게 걷고 싶었을 뿐이다.

낯설고 깜짝 놀라는
그 순간 시작되는 것들

　2015년 5월 23일 KBS 1 TV는 중국 전자상거래 업체 '알리바바' 창업자 겸 회장인 마윈과 최경환 경제부총리가 함께 나온 〈글로벌 경제, 아시아 시대를 열다〉라는 프로그램을 방영했다. 이 자리에서 마윈은 최경환 부총리와 함께 연단에 나와 미래를 꿈꾸는 청년 300명과 만났다. 그는 제2의 마윈 신화를 꿈꾸는 청년들에게 멘토 역할을 하듯이 계속해서 긍정적인 마음 자세로 현재가 아니라 미래를 향해 도전하고 또 도전하라는 메시지를 전달하려 애썼다. 발언이 끝나고 질의응답 시간이었다. 어떤 한 젊은이가 최경환 부총리에게 한 질문은 나로 하여금 깊은 생각을 하게 했다. 질문의 요지는 바로 청년들이 벤처나 스타트-업 등으로 일컫는 창업을 하다가 실패했을 때 국가가 어떻게 보호해 줄 수 있을 것이며 그 안전장치가 준비되어 있는가라는 것이었다.

나는 깜짝 놀라서 최경환 부총리가 하는 답을 자세히 듣지도 못했다. 벤처라는 말 자체가 모험이다. 모험冒險을 좀 풀어서 보면 "위험을 무릅쓴다"는 뜻이다. 창업이 매우 도전적인 일인 것은 위험을 무릅써야만 비로소 가능한 일이기 때문이다. 안전장치를 요구하는 것은 애당초 모험도 아니다. '안전'을 의식하면서도 가능한 '모험'이 있을까? '안전'을 염두에 둔 '도전'이 도전일까?

물론 그 젊은이가 한 질문에는 내가 가볍게 치부해 버리지 못할 깊고도 많은 여러 갈래의 함축이 있을 것이다. 또 도전을 하는 사람의 입장이 아니라 도전을 하는 사람들을 보호하고 북돋워서 종합적인 큰 성취를 기대해야 하는 국가의 입장을 확인하려는 의도도 있을 수 있다. 그러나 나는 당시 개인적으로 중국과 한국 사이의 창업 열기가 좀 다르다고 생각하며 걱정을 하고 있던 차였다.

중국에는 "대중창업 만중창신大衆創業 萬衆創新"(대중의 창업, 만인의 창신)이라는 구호 아래 창업 열기가 뜨거운데, 우리나라는 상대적으로 덜 뜨거운 감이 있다. 우리나라는 젊은이들이 온통 취업에 매달리는 열기가 훨씬 더 강하다는 느낌을 받는다. 중국에도 취업난이 심각하지만, 뜻있는 젊은이들은 일반적으로 창업 쪽으로 더 기울어져 있다. 창업 열기가 강한 사회가 더 미래적일 수 있다. 그래서 당시 내 개인적인 우려감이 그 젊은이의 질문을 단편적으로 받아들이게 했을 수도 있다. 다 인정하더라도 우리가 도전과 모험과 창조에 대해서 이야기하지 않을 수 없는 지금의 시점에서 그것이 화제를 이끌게 하는 역할은 충분히 했다.

우리나라 청년들이 정말로, 이 청년의 질문 내용을 곧이곧대로 받아들여서 가질 수 있는 인상처럼, 창업을 시도하면서도 국가에서 마련한 안전장치를 기대하거나 필요로 한다면 나이만 젊었지 젊은이의 기상을 갖고 있다고 말할 수는 없다. 이것은 매우 큰일이다.

우리나라 젊은이들은 취업을 하더라도, 만일 기업 쪽 일자리를 원하는 사람이라면 대부분 대기업에만 들어가려고 한다. 중소기업 취업을 기피하는 현상으로 중소기업은 인력난을 겪기도 하지 않는가. 이 점에 대해서도 마윈은 의미 있는 한마디를 한다.

어느 청년이 마윈 회장이 만일 한국의 25세 젊은이로서 무엇인가를 시작해야 하는 상황이라면 무엇을 하고 싶은지를 묻자, 그는 뭐든지 할 거라고 말하면서 중소기업에서 일해 볼 것을 권한다. 대기업에서는 큰 기계의 부품 같은 역할밖에 할 수 없지만, 중소기업에서는 꿈과 열정을 배울 수 있을 뿐 아니라 여러 가지 일을 배울 수도 있기 때문이란다. 중소기업에서는 규모가 작다 하더라도 회사 전체의 작동 내용을 배우고 운영하는 능력까지도 배양할 수 있다. 당연히 중소기업에서 근무한 경험은 창업을 하는 데 유리하다. 마윈의 충고는 또 창업까지 염두에 둔 것일 수 있다.

창업은 도전이고 모험이다. 취업은 기존 시스템의 구조물 속으로 들어가는 일이다. 취업은 창업보다 덜 위험하고 더 안전하다. 도전적인 기풍이 있는 곳에서는 창업의 열기가 뜨겁고, 안전 신화가 강한 곳에서는 취업 열기가 강하다. 우리의 청년들이 창업보다는 취업에 무게를 더 두는 것은 안전의식이 그만큼 더 중요하게 의식되기 때문일 것이다. 안전을 깊게 의식하도록 길러진 탓이다. 이런 일은 아주 어린 학생 시절부터 시작된다.

모두가 미술 학원에 가고, 모두가 태권도 학원에 다니고, 모두가 피아노 학원에 다니고, 모두가 영어·수학 학원에 몰려다닌다. 선행학습을 하고, 다 같이 알아야 할 모든 것을 더 많이 더 먼저 배우려고 안달이다. 자기 꿈을 찾고, 그 꿈을 실현하는 데에 매진하도록 길러지지 못하고, 남들과의 경쟁에서 승리하는 길만 걸어야 한다고 강요된다.

왜 이런 강요가 일반화되는가. 한마디로 도전적이고 짜릿한 삶보다는 안전한 삶을 살아야 한다고 부모나 사회가 강요하기 때문이다. 자신이 무엇을 원하는지에 대해서는 별 생각이 없고, 자신이 당장 해내야 하는 숙제와 치러야 하는 시험과 받아야 하는 성적에만 집중한다.

자신이 원하는 것이란 원래 특별하다. 다른 사람의 그것과도 다르다. 그래서 보편적으로 공유되는 기존의 합리적 체계에서 이탈해 있을 가능성이 있다. 위험해 보인다. 자신만의 것이 특별히 다르게 보일 때, 오히려 불안해지는 이유는 안전해야 한다는 강

박관념 때문이다. 안전은 몰려다니고 모두 함께 뭉쳐 있으면 매우 쉽게 보장된다. 그러다가 각자 다른 자아를 찾기보다는 모두 같은 모습으로 형성되기를 원해 버린다. 돌파하고 상승하려는 과감한 시도보다는 차라리 안전한 착지를 선택하는 것이다.

모험적인 창업보다는 안전한 취업을 선택하려는 기풍이 일반적인 현상이라면 우리의 미래를 새롭게 여는 데 대해서는 매우 부정적이다. 그것은 사회 전반적으로 나약한 태도가 팽배해 있다고 말할 수밖에 없다. 결국 무리에서 이탈하여 자신만의 길을 걸어 보려는 배짱이 길러지지 않았기 때문이라고 말해도 된다. 합리적 분석이나 정밀한 설명보다는 혼자여도 두렵지 않으며, 안전하지 않더라도 걷고 싶은 길을 걸어 보려는 배짱의 문제가 되어 버린다. 이 배짱을 우리는 비로소 용기라고 부를 수 있지 않을까?

나는 이 용기의 지점에서 철학이 시작된다고 본다. 철학적 사유가 가능한 지점에서라야 창업이나 돌파나 창의나 상상이나 독립이 가능해진다는 의미에서 창업의 기풍이 취약하다는 것은 철학적 레벨에서의 삶의 역량이 발휘되지 않고 있는 것이다.

우리는 보통 철학은 경이에서 시작된다고 말한다. 깜짝 놀라는 그 순간 철학적 사유가 시작된다는 것이다. 깜짝 놀란다는 것은 새로움에 직면했다는 뜻이다. 새로움은 일반적으로 생경하다. 어색하고, 불편하며, 이상하고, 기존의 정해진 모든 것에 대해 적으로 등장한다. 기존의 방법이나 논리에 편안함을 느끼는 사람에게는 새로운 흐름을 보여주는 생경하고 불편한 '신호'가 드러나지 않는다. 낯선 풍경을 대면할 심리적 준비가 안 된 것이다. 그래서 낯선 풍경도 익숙한 논리에 구겨 넣어 익숙한 풍경으로 편집해 버리곤 한다. 그러면 비로소 자신이 적대적 관계로 편입되지 않고 매우 안전한 느낌을 가질 수 있다.

철학은 낯선 풍경을 대면할 수 있는 심리적 준비가 되어 있는 사람에게만 하나의 활동으로 등장한다. 이것을 철학을 위한 인격적 준비라고 할 수도 있겠다. 그 심리적 준비가 되어 있는 사람이 낯설고 어색한 '신호'를 과감하게 받아들일 때, 깜짝 놀라는 내면의 동요를 경험하게 된다. 이 내면의 동요가 바로 '경이'다.

그런데 이 내면의 동요는 기본적으로 결과물이다. 그래서 '경이'는 동기가 아니라 결과다. 철학을 시작하게 하는 결과로서의 '경이'는 낯섦, 이상함, 생경함, 적대적 감정, 불편함 등등을 외면하거나 피하는 사람 혹은 기존의 논리를 가지고 자의적으로 해석하여 편안하게 바꾸어 버리는 사람에게는 절대 경험될 수 없다. 이것은 근본적인 면에서 편안한 상태가 아니다. 불편한 것이다. 이 불편한 느낌을 극복하여 낯설고 적대적인 그 '신호'에 정면으로 맞설 용기가 있는 사람에게만 깜짝 놀라는 심리적 현상이 결과로서 현현한다. '경이'를 경험하려면, 이상하고 새로우며 낯설게 등장하는 그것을 두려워하거나 피하지 않고 똑바로 응시하는 용기가 작동해야 한다. 그래서 철학은 용기로부터 촉발되는 고차원의 시선이 된다.

철학은 출발부터 신의 지배력으로부터 벗어나려고 인간이 감행한 매우 수준 높은 모험이다. 이 모험의 여정에서 인간은 정련되고 고양된 로고스로서의 지성 혹은 지혜(sophia)를 발휘한다. 용기, 경이, 낯설게 하기 등등이 지성적 활동과는 전혀 다른 별개의 덕목 같지만, 사실은 매우 은밀한 지성적 활동이다. 진정한 용기를 발휘하거나 세계를 경이적인 태도로서 항상 새롭게 보는 능력을 발휘하는 사람들이 인격적으로 매우 높은 차원에 있음을 우리는 알고 있지 않은가.

창업은 새로운 곳을 향한 도전이라는 점에서 창의이고, 취업은 있는 구조로 들어가 그것을 더욱 튼튼히 하며 참여한다는 점에서 훈고다. 교과서적으로 점잖게 말해, 창의와 훈고는 동전의 양면이기도 하다. 즉 창의가 없으면 훈고는 무의미하고, 훈고가 없으면 창의는 내용이 없다고도 말할 수 있다. 그러나 분명한 것은 훈고의 기풍이 강한 곳에서는 취업이 중요하게 보이고, 창의의 기풍이 강한 곳에서는 창업이 더 나은 길로 여겨질 것이다. 우리에게 일류 지식인들에게마저 취업이 하나의 큰 사명이 되어 버린 것은 우리가 보내온 훈고의 세월이 그만큼 길었다는 뜻이다.

우리는 훈고적 방법을 운용하여 여기까지 왔다. 그런데 여기까지 온 것이 실제로는 한계를 의미하기도 한다. 이보다 한 단계 더 높은 차원으로 상승해야만 한다. 상승해야 하는 그곳은 지금 우리에게 익숙한 이곳과는 매우 다르다. 훈고적 방법을 적용하여 따라 하거나 답습하는 곳이 아니라, 앞서 이끌며 새로운 방향을 보여주는 역할을 하는 곳이다. 선진하고 선도하는 곳이다. 선진하고 선도하는 곳에서는 항상 새로운 방향성을 보여줘야 한다. 새로운 방향성을 찾으려 애쓸 때 발휘하는 인간의 능력이 상상력이고 창의력이다. 이제는 상상력과 창의력이 중심이 된 창의의 기풍이 중심 역할을 해야 한다.

    상상력과 창의력이 발휘되도록 준비된 인격이 바로 용기 있는 인격이다. 실제로 상상력이나 창의력은 불편한 얼굴로 등장하는 새로운 '신호'에게 기존의 틀로 편입되라고 강요하는 대신 인간이 움직이는 흐름에 봉사하도록 새로운 길을 내주는 궁리다. 그래서 사실은 모험을 감행하는 일도, 지적인 용기를 발휘하는 일도, 철학을 하는 일도, 창의력과 상상력을 발휘하는 일도 매우 수준 높은 지성적 활동이다. 뜻있는 젊은이들은 이제 창업에 도전해 볼 일이다. 그것이 조금은 더 철학적인 높이에 가까운 태도다.

철학을 시작하게 하는 결과로서의 '경이'는
낯섦, 이상함, 생경함, 적대적 감정, 불편함
등등을 외면하거나 피하는 사람 혹은
기존의 논리를 가지고 자의적으로 해석하여
편안하게 바꾸어 버리는 사람에게는
절대 경험될 수 없다.
이것은 근본적인 면에서 편안한 상태가 아니다.
불편한 것이다. 이 불편한 느낌을 극복하여
낯설고 적대적인 그 '신호'에 정면으로 맞설
용기가 있는 사람에게만 깜짝 놀라는
심리적 현상이 결과로서 현현한다.
'경이'를 경험하려면, 이상하고 새로우며
낯설게 등장하는 그것을 두려워하거나 피하지 않고
똑바로 응시하는 용기가 작동해야 한다.
그래서 철학은
용기로부터 촉발되는 고차원의 시선이 된다.

타이어가 아니라 바람일 뿐

지인 몇 명이서 한담을 나눴다. 요즘 인문학이 사회적으로 유행하는 현상을 두고 여러 진단들이 있었다. 이제 어느 정도 먹고 살 만해졌으니 더 깊이 있는 단계를 지향하면서 진정한 삶의 의미나 가치를 찾으려 하기 때문이라고 말한 사람도 있었고, 어떤 사람은 경제성장의 과업 완수에 몰두하다 지친 사람들이 위안을 구하기 때문이라고도 했다.

모두 일리 있는 말이다. 삶의 의미나 가치, 혹은 위안들이 감각의 차원에서 일시적으로 발견되거나 임시적으로 이루어지기도 하지만, 근본적인 의미에서 이것들은 제한적인 감각의 차원을 넘어서서 포착되는 것들이다. 가치나 의미, 그리고 위안들은 인식이나 감각이 종합적으로 모이면서 일정 정도로 승화의 절차를 거쳐야만 하는 것들이다. 그래서 이런 것들을 요청하거나 필요로 하는 일 자체가 더 나은 단계로의 상승을 지향하는 일이다.

나는 이것을 비교적 구체적으로 표현하는 편이다. 즉 중진국 레벨 정도에서는 선진국이 닦아 놓은 길을 따라가기에 급급한 터라 이미 있는 것을 보고 반응하는 감각적 차원에 있고, 선진국 정도가 되어야 없는 길을 여는 일, 즉 창의적인 활동을 통해서 새로운 길을 열기 때문에 아직 드러나지 않는 길에 대한 상상이나 모험을 발휘할 수 있다. 새로운 길에 대한 상상이나 모험이 일어나는 단계는 감각의 차원을 넘어서는 매우 승화된 지경이다. 이 지경을 둘러싸고서야 비로소 참된 맥락에서 말하는 의미도 있고, 가치도 있고 위안도 있다. 그래서 인문학이 유행하는 오늘의 현상을 한국 사회가 더 나은 단계로 상승하고자 하는 염원을 내뿜는 일이라 해도 전혀 이상하지 않은 해석이다.

철학을 업으로 하는 사람들이 활동하는 공간에서 벌어지는 일을 한 가지 들춰 본다. 우리는 보통 학부에서 철학을 공부하고 나서 더 깊이 있는 연구를 할 의향이 있으면 유학을 가는데, 대개 가는 나라가 미국이나 영국, 프랑스, 독일, 중국 등이다. 철학에만 국한되는 것은 절대 아니어서 다른 학문 분야에서도 유학을 간다면 대개는 이런 나라들이다. 곧 선진국들이다. 흔히 철학이나 인문학을 정신적인 영역에 가까운 것으로 놓고 현실과 전혀 관련이 없는 어떤 활동으로 보는 시각에 대해서 자극을 줄 수 있는 현상이다. 즉 철학 선진국이 바로 군사적·물질적 선진국인 것이다. 더 적극적으로 표현하면, 선진국은 철학을 가지고 있다. 물질적인 풍요나 군사적인 힘이 철학과 분리되어 따로 존재하지 않는다.

그동안은 그렇지 않았는데, 요즘 들어 인문학이니 철학이니 하는 것들을 이야기해야 한다면, 바로 선진적인 어떤 단계에 도달하려는 의욕이 드러난 것으로 봐야 한다. 그런 의식이 없이 단순히 유행으로만 치부하고 나아갔다면, 이제부터라도 이런 진일보한 단계로의 상승을 염원하는 현상임을 철저히 인식할 필요가 있다. 그래야 초점이 맞다.

우리나라가 선진국으로 나아가야 한다는 데에는 그날의 한담객들 모두가 동의했다. 지금의 패러다임으로는 더 이상의 발전을 기대하기 힘들다고 하는 점에서도 대개는 공감하는 분위기였다. 그런데 이렇게 말하는 사람이 있었다. 선진국으로 나아가기 위해서 인문학이나 철학으로 무장을 해야 한다는 주장이 있는데, 그것도 중요하지만 더 중요한 것은 이공계에 더 비중을 두어야 하는 일이라는 것이다. 이공계에서 구체적이고 실제적인 효과가 나와야 그것이 산업의 흥성으로 이어져 선진국이 될 수 있지, 인문학으로는 여전히 부족하다는 말이었다. 틀린 말로 들리지 않을 수도 있지만, 뭔가 어수룩한 느낌이 드는 것은 어쩔 수 없다.

이 말이 끝나기도 전에 이전에 있었던 어느 포럼에서의 풍경이 연이어 바로 떠올랐다. 경영자들이 모여서 꾸린 조찬 포럼이었다. 그날의 주제는 인문학이었다. 인문학의 유행이 한국 사회에서 보여주는 의미를 지적하고, 인문학이 왜 중요한가를 말했던 것으로 기억한다. 강연이 끝나고 질의응답 시간에 누구나 이름만 대면 알 만한 원로 교수 한 분이 손을 들었다. 인문학만 중요하다면 정치학이나 공학은 중요하지 않다는 말인가? 이것이 그분의 질문이었다. 나는 아연실색하지 않을 수 없었다. 분류된 학문들 사이의 유기적 위계 구도에 대한 이해는 고사하고, 인문학 자체에 대한 이해가 학문을 하는 사람들 사이에서도 이 정도인가 하고 깜짝 놀랐던 기억이 난다.

우리는 왜 공부하는가? 학술적으로 공인된 합의는 없지만 내가 이해하기로는 교양인이 되기 위해서다. 교양인이 되는 목적은 어디에 있는가? 그것은 교양인으로서의 삶을 충실히 살아서 자신의 삶 자체를 예술적 단계로 승화시키기 위해서다. 삶을 완성의 경지로 승화시키는 것이다. 그렇다면 교양인은 어떤 사람인가? 바로 교양을 갖춘 사람이고, 자신이 갖춘 교양에 따라 사는 사람이다. 그렇다면 또 교양이란 무엇인가?

교양은 보통 'Liberal Arts'라고 부르기도 하고, 'Humanities'라고 부르기도 하는데, 'Humanities'는 아마 15세기 이탈리아의 인문주의자들이 썼던 '스투디아 후마니타티스studia humanitatis'에서 왔을 것이다. 무엇이라고 부르던 간에 인문학의 기본 개념은 기본적으로 고대 그리스의 '파이데이아paideia'에서 왔다.

'파이데이아'는 기원전 5세기 중엽에 나타난 소피스트들이 젊은이들을 폴리스(도시국가)의 리더로 키우기 위해서 행하던 교육

과정이다. 여기서 리더란 자유민으로 불리는 '능동적 시민'을 말한다. 피지배 계급으로서 자유가 없던 수동적인 노예들을 선도하고 끌고 나아가던 지배 계급이다. 자유민들이 지시하고 노예들은 수행한다. 자유민들이 방향을 정해서 보여주면, 노예들은 그 방향을 향해 나아간다. 자유민들은 이끌고, 노예들은 따라간다. 교양은 바로 이런 분위기 속에서 잉태되어 자유민으로서 능동적인 리더십을 발휘하도록 고안된 교육 장치였던 것이다.

지금 우리도 교양 교육을 공학(engineering)이나 의학, 비즈니스와 같은 일반 직업 교육과는 좀 다른 차원으로 보고 있기는 하다. 그래서 교양은 주로 얼마나 많은 사실을 아는가 하는 것보다는 어떻게 생각을 해야 하는가, 혹은 어떻게 살아야 하는가와 같이 방향성과 관련된 내용으로 채워진다.

이처럼 교양은 고대 그리스에서부터 자유민이 자유민으로서 활동하는 데에 필요한 내용으로 되어 있어서, 세계를 지배하고 이끄는 일과 매우 밀접하게 관련된다. 우리가 흔히 말하는 공부라는 것은 직업을 찾는 일에 필요한 전문적인 지식과 관련되지만, 이런 내용들로 이루어진 공부를 하는 목적은 바로 그런 지식들을 기반으로 하여 삶과 세계의 방향을 결정하고 이끌 수 있는 역량을 발휘하려는 것이다. 지배적인 시선과 활동력을 갖는 것을 목적으로 한다는 말로 바꿔도 된다.

노예와 같은 수동적인 차원의 지식으로 채워서 살 것인가, 아니면 한 단계 상승하여 오히려 지식을 지배하고 관리하며 방향성을 제시하는 역할을 하는 삶을 살 것인가가 여기서 갈린다. 교양인은 바로 여기에 처한다. 인문학의 처소다.

그 나라의 수준이 다른 나라들을 선도하는 입장에 서면 선도하는 역량을 발휘하는 데에 필요한 교양적인 과목이나 내용이 중시되고, 그 나라의 수준이 다른 나라를 따라가는 입장에 있으면 따라가는 일을 잘할 수 있게 해주는 전공(전문) 과목이 중시된다. 따라가는 수준에 있는 사회에서 교양은 실제적인 효과를 기대할 수 있는 것으로 대접 받지 못할뿐더러, 감각적인 차원 정도에서 위로와 쾌락을 줄 수 있는 것으로 취급되거나 개인적인 삶의 향유를 제공해 주는 것 정도로 취급되기 쉽다. 우리의 현실에서 교양이 어떤 대접을 받고 있는지를 자세히 들여다보면 우리 사회가 지금 어디에 있는지 그리 어렵지 않게 이해할 수 있을 것이다. 철학이나 인문학이 이런 정도에서 받아들여지고 있는 것이 일반적인 우리의 모습이다.

인문학은 다른 분과 학문과는 매우 다르다. 기본적으로 인문학은 그 학문을 채우고 있는 내용으로 규정되거나 제한되는 것이 아니라, 사유의 높이로 자신의 존재성을 드러낸다. 즉 인문학의 목적은 인문적인 높이에서 사유할 수 있게 되는 것으로 완성된다. 다른 분과 학문들도 이해가 심화되면 심화될수록 그 학문이 제공하는 내용을 넘어서서 인문적인 빛을 보여주는 단계로 상승한다. 즉, 역사적인 맥락과 의미를 생산하거나 문학적인 감동으로 인간의 의미와 가치를 말할 수 있는 것이다. 그러다가 그 학문 자체의 의미를 보여주는 철학적인 질문 속으로 들어가는 일이 발생한다.

이처럼 분과 학문들의 최고 정화 지점은 항상 인문적인 높이를 보여주는 바로 그곳에 자리한다. 그렇기 때문에 인문학은 학적 내용에 제한되지 않고, 바로 인문적인 활동성이나 인간 사유의 높은 지점을 제시하는 시선의 문제가 되어 버린다. 이렇게 본다면, 아무리 인문적인 지식을 넓고 깊게 가졌다고 하더라도 인문적인 높이의 시선을 갖지 못하거나 인문적으로 활동할 수 없다면, 그것은 아무것도 아닌 것이 되어 버린다. 인문학은 내용이 아니라 활동으로 완성된다.

철학을 예로 들어보자. 철학은 사유의 활동이다. 어떤 학문에 사유가 개입되지 않을 수 있겠느냐마는 철학은 사유가 가장 높은 차원에서 어떤 감각적 제한이나 감각의 개입 없이 작동하는 일이다. 수학이 가장 근접하게 유사하기는 하나 수학은 최소한의 감각적 요소를 포함하기 때문에 사유의 순수성이라는 점에서 보면 여전히 철학에는 미치지 못한다. 2라는 숫자는 세계를 추상적으로 포착한 관념이다. 하지만 이 2라는 숫자는 구체적인 손가락 두 개를 펼쳐서 감각적으로 나타낼 수 있다는 점에서 감각의 흔적을 여전히 가지고 있다.

탈레스로부터 철학이 시작되던 것도 사실은 신에 대한 믿음으로부터 인간이 스스로 생각해 버리는 전혀 새로운 사건이 일어난 일이다. '믿는 인간'에서 '생각하는 인간'으로의 전향이다. 그 인간 가운데 '생각'을 제일 높은 수준에서 제일 잘하는 사람 몇몇이 '철학자'라는 이름을 달고 남는다. 그 천재적인 철학자가 생각해 낸 결과들이 우리가 보통 말하는 '철학'이다. 그런 철학자들이 스스로의 생각으로 빚어낸 '철학'들이 순서대로 배열되어 있기도 하다. 바로 '철학사'다.

철학을 한다는 것은 철학적으로 혹은 철학적인 높이에서 생각할 줄 안다는 것이다. 철학을 공부한다는 것은 철학적으로 생각할 줄 아는 법을 익힌다는 말이다. 그러기 위해서 우리는 철학과에 간다. 철학과에 진학하는 목적은 스스로 철학적인 높이에서 생각할 줄 아는 능력을 갖기 위해서다. 그런데 그런 능력은 단기간에 배양되지 않는다. 사회적으로 합의하기를 최소한 4년은 공부해야 기본적으로나마 철학을 할 수 있겠다고 해서, 4년이라는 시간 동안 철학과를 다닌다. 스스로 철학적으로 생각하기 위해서 우선은 먼저 스스로 높은 생각의 능력을 보여주었던 앞선 사람들의 활동을 배운다. 즉, 앞선 철학자들이 해낸 생각의 결과들을 먼저 배우는 것이다.

그런데 우리가 앞선 철학자들이 해낸 생각의 결과들을 배우는 목적은 그 철학자가 자기 생각의 결과로서 남긴 내용을 숙지하는 것이 아니라, 내가 생각할 수 있기 위해서라는 것이 중요하다. 철학은 생각의 결과를 숙지하는 것이 아니라, 자신이 스스로 철학하는 것이다. 즉, 스스로 철학적인 높이에서 생각할 수 있는 일이다.

그런데 우리는 왕왕 생각의 결과들을 배우는 데 집중하다가 정작 자신은 스스로 생각할 줄 모르게 되기도 한다. 4년의 시간 동안 생각의 능력을 줄이고 오히려 생각의 결과를 숙지하는 능력만 키운다. 그렇지 않은가? 그래서 특정한 철학자들의 철학 이론은 토씨 하나 틀리지 않고 외울 수 있는데, 정작 자신은 자신이 처한 자신만의 시대를 자신만의 철학적 시선으로 포착하지 못한다.

우리에게 전해지는 철학자들의 '철학'은 사실 그 철학자가 자신의 시대를 매우 높은 차원에서 자신만의 고유한 시선으로 포착한 결과일 뿐이다. 철학을 한다고 하면서 자신이 연구한 철학자의 전도사로 전락해 버리는 일은 철학의 본령이 아니다. 그 철학자를 사다리 삼아 올라가서 한번 함께 어깨를 나란히 하고 서 보는 것이다. 그 사람의 시선에 동참해 보는 것이다. 그리고 그 사다리를 과감하게 버림으로써 다시 내려갈 퇴로를 스스로 차단해 버린 후에 더 높이 오르지 않으면 안 되는 불안한 형국으로 스스로를 자폐시키는 행위, 여기서 비로소 철학이 작동한다.

그래서 철학은 하나의 체계로 완성되는 순간 철학이 아니다. 철학은 철학으로 생산되는 순간 비철학적인 것이 되어 버리는 비극적 운명으로 태어났다. 철학은 완성되는 순간 철학으로서의 생명을 상실한다. 철학은 활동으로만 존재하지, 견고한 건축물처럼 존재하지 않는다. 이러하기 때문에 철학적인 시선은 모든 분과 학문이 가장 높은 단계로 승화하거나 삶의 가장 고양된 단계에서 발휘되는데, 이것은 내용으로가 아니라 활동으로 존재하기 때문에 비로소 가능해진다.

철학은 명사가 아니라 동사다. 어떤 학문이 그 활동성을 자신의 이름으로 삼은 적이 있는가. 오직 철학만이 '활동'을 자신의 이름으로 삼는다. 'philosophy', 즉 지성(sophia)을 사랑하는 행위, 지성적 레벨에서 세계를 지배하고 관리하는 행위, 지성적 시선으로 세계를 응시하는 행위 자체를 자신의 이름으로 삼은 것이다. 타이어가 아니라 그냥 바람일 뿐이다. 이제 내용을 답습하는 일을 넘어 스스로의 활동성을 발휘해야 한다. 자신만의 활동으로 세계와 접촉하려는 용기가 바로 창의성이다. 내용에 대한 집착을 끊고 아무 내용도 없는 활동으로만 덤비자. 이것이 동사로서의 '철학'이다.

놀이와 여가,
그 비밀스럽고 찰나적인 접촉

1

일반적으로 회자되는 이야기를 종합해 보면, 민주화와 기술 문명의 발달로 인간은 노동으로부터 어느 정도 해방되어 이전과는 비할 수 없을 정도로 많은 자유 시간을 확보할 수 있게 되었고, 그래서 여가는 이 자유 시간의 확대와 더불어 현대 인간에게 주어진 하나의 선물이다. 물론 모든 문명권에 해당되는 말일 수는 없다. 이런 논의가 가능할 정도면 벌써 어느 단계 이상에서 의식주의 문제가 해결되었고 인구 문제나 종교나 민족 혹은 계급 간의 갈등이 그 사회에서 당장 해결되어야 할 시급한 문제가 아니게 된 후에나 얘기가 될 것이다.

'여가'라는 단어는 '남다', '넉넉하다'라는 의미를 가지고 있는 '餘'라는 글자와 '겨를', '틈', '느긋하게 지내다' 등의 의미를 가진 '가暇'라는 글자가 합쳐졌다. 그래서 '여가'는 '한가하게 보낼 수 있는 시간' 혹은 '여유롭고 느긋하게 지내는 일' 등과 같은 뜻을 가진다. 중국어에서도 '여가'와 혼용될 수 있는 단어로 '閑暇', '停閑', '工夫' 그리고 '空閑' 등과 같은 것들이 있는데, 의미는 모두 '한가한 틈', '느긋하게 보내기' 등으로 우리와 거의 같다.

그럼 한가하지도 않고 여유롭지도 않고 느긋할 수 없는 경우는 어떤 상황인가? 바로 일을 하고 있거나 어떤 책무를 수행하고 있을 때다. 이때는 누구나 '일'이나 '책무'가 이루어지도록 정해진 시스템 속에서 근면하고 성실하게 무엇인가를 완수해야 한다. '완수'·'완결'이라고 인정될 수 있는 어떤 목표를 수행하는 역할을 하는 경우란 바로 '일'을 할 때고 '책무'를 수행할 때다. 이런 때에 '느긋하거나' '여유롭기는' 혹은 '한가하기는' 불가능하다. 그래서 '여가'는 '일'이나 '노동'의 반대편에 자리한다. '일'이나 '노동'에 지친 사람들은 '여가'를 강렬하게 희망할 것이고, 제3자의 것이 되었건 혹은 자신의 것이 되었건 '일'이나 '노동'을 통해 재미를 보는 쪽에서는 '여가'를 '낭비'나 '게으름'으로 보거나 심지어 '방탕'으로 볼 수도 있다.

우리는 '여가'를 표현하는 서양 말로 보통 '레저leisure'라는 단어를 사용한다. 어원은 익히 알다시피 라틴어 '리케레licere'에서 왔다. 리케레는 '허락되어지다' 또는 '자유로워지다'라는 의미를 갖는데, 그것도 '일이나 직업으로부터 허락된 것' 혹은 '일이나 직업으로부터 자유롭게 된 것'을 말한다. 로마의 지식인들 중 일부는 여가를 리케레 대신 '아무것도 하지 않는 여분' 혹은 '한가로움' 및 '휴식' 등의 의미가 있는 '오티움otium'이라는 단어로 표시하기도 했다.

리케레가 '무엇으로부터 허락된 상태'를 의미한다는 점에서 조금 소극적인 의미로 치부될 수도 있겠다. 그런 점에서 오티움은 리케레보다는 더 적극적으로 '여유' 자체나 '여유' 안에서 가능한 '명상' 등과 함께할 수 있는 의미를 갖는다. '여가' 자체의 의미나 그 역할을 논할 때, 굳이 구분을 한다면 리케레보다는 오티움이 더 가깝다. 리케레와 오티움을 구분하는 것이 지나치게 까탈스럽거나 과분하게 보일 수도 있겠지만, 그리스 사람들이 가진 여가의 의미와 함께 논하는 것을 피할 수 없다면, 이런 정도로 구분해 두고 시작하는 것이 더 편할 수 있다.

그리스 사람들은 '여가'라는 의미를 '스콜레scholē'라는 단어로 표현했다. 로마에 와서는 스콜레가 '스콜라schola'로 쓰이는데, 훗날 학교(school) 또는 학자(scholar)의 어원이 된다. 그리스에서는 '여가'가 갑자기 '학문'과 연관된다. 오늘날 '학문'을 하나의 '의무'나 '책무'로 다루는 경향도 있다고 할 때, 그것은 분명히 '일'의 범주 안에 들어가는 것처럼 보이는데, 어쨌든 그리스에서는 '여가'가 요즘 '학문'이 이루어지고 있는 학교와 관련되어 있었다. '학문'

이 '일'이나 '노동'으로 다뤄지지 않았기 때문일 것이다. 오히려 정해진 시스템을 구현하는 '일'이나 '노동'보다 한 차원 더 높은, '자유로운 어떤 활동'으로 받아들여졌다. 이런 점은 아리스토텔레스의 여가관에서 분명히 드러난다.

2

아리스토텔레스는 『정치학』에서 이렇게 말한다. (『정치학』 인용은 2009년 도서출판 숲에서 출판한 천병희의 원전 번역을 따랐다.)

원래 음악이 교과목에 포함된 것은 누차 말했듯이 우리가 훌륭하게 노동할 수 있을 뿐 아니라 여가를 제대로 선용할 수 있기를 자연 자체가 원하기 때문이다. 그리고 여가(scholē)야말로 만사의 유일한 출발점인 만큼 여가에 관해 다시 논의하기로 하자.

여기서 보면, 아리스토텔레스는 일단 여가를 노동과는 다른 것으로 보지만, 이것 역시 자연 자체가 원하는 것으로서, '우연'적인 것이라기보다는 그것 자체가 목적이 되는 필연적인 어떤 것으로 다룬다. '만사의 유일한 출발점'이라고 본다는 점에서 다른 필연적인 것들보다 훨씬 더 높은 위상에서 다루고 있음도 알 수 있다. 다음 말에서 더욱 분명히 밝힌다.

> 노동과 여가는 둘 다 필요하지만, 여가가 노동보다 더 바람직하다. 그리고 여가는 노동의 목표이므로 여가가 날 때 무엇을 해야 하는지 검토해 보지 않으면 안 된다. …… 여가는 즐거움과 행복과 복된 삶을 자체에 내포하고 있는 것으로 생각된다. 이것은 노동하는 자가 아니라 여가를 즐기는 자에게 주어진다.

또한, 아리스토텔레스는『니코마코스 윤리학』에서 "전쟁의 목적이 평화에 있는 것"처럼 모든 행위의 목적이 바로 여가를 갖기 위함이라고 말한다. (『니코마코스 윤리학』 인용은 2011년 도서출판 길에서 출판한 강상진·김재홍·이창우의 원전 번역을 따랐다.)

우리는 여가를 갖기 위해 여가 없이 바쁘게 움직인다.

그렇다면 우리는 왜 인생의 목적을 '여가'를 갖는 것에 둔다는 것인가? 아리스토텔레스에 따르면 "행복이 탁월성에 따르는 활동이라면, 그것은 당연히 최고의 탁월성을 따라야 할 것이다." 그런데 "최고의 탁월성을 따르는 활동"은 '관조적(contemplative)'이다. 이 '관조적'인 활동 가운데 "우리 안에 있는 것들 중 지성이 최고다." 이런 맥락에서 아리스토텔레스는 말을 이어간다.

또 우리는 행복에는 즐거움이 섞여 있어야만 한다고 생각한다. 그런데 탁월성에 따르는 활동들 중 '지혜(sophia)'에 따르는 활동이, 동의되는 것처럼 가장 즐거운 것이다. 여하튼 '지혜에 대한 사랑', 즉 '철학(philosophia)'은 그 순수성이나 견실성에서 놀랄 만한 즐거움을 가지고 있는 것 같다.

행복은 지적인 활동에서 생산된다고 보는 아리스토텔레스의 견해가 분명하게 드러나 있다. 그런데 아리스토텔레스에게 이 지적인 활동은 '관조적' 형태로 표현되고, 이 행복에 관한 일련의 연쇄적 논의가 '여가'로 귀결된다.

또 행복은 여가 안에 들어 있는 것 같다.

이렇게 보면 아리스토텔레스에게 '여가'란 관조적 형태로 나타나는 지성적 활동과 매우 깊게 관련된다. 우리가 흔히 이해하는 단순한 놀이와는 분명히 거리가 있다. 놀이에 대한 아리스토텔레스의 생각은 『정치학』에 나온다.

여가가 날 때…… 놀이를 해야 하는 것이 아님은 확실하다. 그렇게 되면 놀이가 인생의 목표가 되어야 할 테니까. 그것은 불가능한 만큼 놀이는 노동을 하다가 짬짬이 해야 한다. (노동하는 자는 휴식이 필요하고, 놀이는 휴식에 도움이 되기 때문이

한가하지도 않고 여유롭지도 않고
느긋할 수 없는 경우는 어떤 상황인가?
바로 일을 하고 있거나
어떤 책무를 수행하고 있을 때다.
이때는 누구나 '일'이나 '책무'가 이루어지도록
정해진 시스템 속에서 근면하고 성실하게
무엇인가를 완수해야 한다.
'완수'·'완결'이라고 인정될 수 있는
어떤 목표를 수행하는 역할을 하는 경우란
바로 '일'을 할 때고 '책무'를 수행할 때다.
이런 때에 '느긋하거나' '여유롭기는'
혹은 '한가하기는' 불가능하다.

그래서 '여가'는 '일'이나 '노동'의
반대편에 자리한다.
'일'이나 '노동'에 지친 사람들은
'여가'를 강렬하게 희망할 것이고,
제3자의 것이 되었건
혹은 자신의 것이 되었건
'일'이나 '노동'을 통해
재미를 보는 쪽에서는
'여가'를 '낭비'나 '게으름'으로 보거나
심지어 '방탕'으로 볼 수도 있다.

다. 노동에는 노력과 긴장이 수반되니 말이다.) 따라서 우리는 놀이를 허용하되 제때에 이용해야 하며, 마치 약을 처방하듯 해야 한다. 놀이가 우리 마음에 주는 효과는 이완이고, 놀이가 주는 즐거움은 휴식을 가져다주니 말이다.

아리스토텔레스가 말하는 '여가'는 단순한 휴식이나 이완을 제공하는 놀이들과는 차원이 다르다. 이때 '놀이'는 노동의 더 나은 생산성을 위한 수단으로 사용되지만, '여가'는 인간 존재의 실현과 관련되는 것으로서, 그 자체가 목적이다. 어떤 의미에서 아리스토텔레스에게 '여가'는 존재론적 위상을 가진다.

물론 아리스토텔레스의 이런 인식은 노예와 자유민으로 지배/피지배 관계가 엄격하게 나누어진 당시 그리스의 사회적 조건 속에서 자유민의 입장을 주도적이고 중심적으로 받아들이고 있었기 때문에 나올 수밖에 없는 생각이라고 볼 수 있다. 다른 더 나은 것을 위해 봉사하는 수단으로 작용하는 노동은 노예의 몫으로, 그 노동을 가능하게 하는 지성적 시스템의 구축을 자유민들의 역할로 이해한 아리스토텔레스에게는 당연한 결론이다.

활동은 자유민에게 적합한 것과 자유민에게 적합하지 못한 것으로 양분되기 때문이다. 그래서 분명 유용한 활동에 참여하되 그로 인해 직공(banausos)이 되지 않을 만큼만 참여해야 한다. 우리는 자유민의 몸과 혼과 마음을 미덕을 추구하고 실천하는 데 쓸모없게 만드는 활동과 기술과 학습을 '직공다운' 것이라고 간주해야 할 것이다. 그래서 우리는 몸을 망가뜨리는 모든 기술과 돈 받고 하는 일을 '직공다운' 것이라고 부르는 것이다. 이런 것들은 여가를 빼앗고 생각을 비속하게 만들기 때문이다.

'직공다운' 활동은 노예들에게나 어울리는 활동으로서 부차적이고 수단적인 것들로서 그 활동 자체가 목적이 아닌 활동들이다. 거칠게 이야기하면 관조적이지도 않고 지성적이지도 않은 것들 말이다. 그렇다면 관조적이고 지성적인 '여가' 활동 안에서는 무슨 결과들이 나타날까? 물론 그것 자체가 행복이지만, '여가' 활동 안에서 일어난 결과 가운데 아리스토텔레스는 이론적으로 정립된 어떤 학문 체계의 성립을 봤던 것 같다. 아리스토텔레스는 『형이상학』에서 이렇게 말한다.

> 쾌락이나 생활의 필수품을 얻는 것을 목적으로 하지 않는 학문은 사람들이 여가를 갖기 시작한 장소에서 처음으로 만들어졌다. 수학은 이집트에서 만들어졌다. 왜냐하면 사제 계급에게 여가를 누리도록 허용되었기 때문이다.

이 문장을 통해서 우리는 아리스토텔레스에게 관조적이라는 말이 바로 이론적이라는 의미로 연결됨을 알 수 있다. 이론적이라는 말의 의미는 우리가 세계를 '직공'들처럼 부분적으로나 수단적으로 접촉하는 것이 아니라, 세계 그 자체와 전면적인 접촉을 가능하게 하는 작업이다. 이 전면적인 접촉이 바로 '목적'으로 대두되고, 그 '목적'이 자아 안에서 실현되는 느낌을 줄 때가 바로 '행복'일 것이다. 이것은 어떤 의미에서 말하면 '신적'인 이해에 동참하거나, 그 신적인 이해를 실현하는 것이다.

지성의 관조적인 활동을 "인간의 완전한 행복"이라고 말한 다음에, 아리스토텔레스는 다음과 같은 말을 남긴다. 이 말을 통해서 우리는 지성-관조-이론-행복-탁월함-여가가 연결되고 있음을 알 수 있다. 다시 『니코마코스 윤리학』을 보자.

그러므로 만약 지성이 인간에 비해 신적인 것이라면, 지성을 따르는 삶 또한 인간적인 삶에 비해 신적인 것이다. 그러나 "인간이니 인간적인 것을 생각하라" 혹은 "죽을 수밖에 없는 운명이니 죽을 수밖에 없는 것들을 생각하라"고 권고하는 사람들을 따르지 말고, 오히려 우리가 할 수 있는 데까지 우리들이 불사불멸의 존재가 되도록, 또 우리 안에 있는 것들 중 최고의 것에 따라 살도록 온갖 노력을 기울여야만 한다.

우리는 아리스토텔레스가 왜 '여가'를 삶의 출발점이자 목표 지점으로 정했는지 알 수 있겠다. 거기에 바로 인간이 자기 존재를 최고의 탁월함으로 이끌 수 있는 힘이 존재하고, 거기서 비로소 행복할 수 있기 때문이었는데, 그것은 바로 세계의 전체성과의 합일이 이루어지는 일이었다.

3

아리스토텔레스의 여가 개념에 대해서 존 듀이 같은 철학자는 비판적인 태도를 취한다. 계급의 분리가 당연한 것으로 받아들여지기 때문에 계급 간 역할에도 차이가 있다는 것을 당연하게 받아들이던 그리스 사회 속에 있던 아리스토텔레스와 민주주의 사회에 살던 듀이의 관점이 다르다는 것이 오히려 자연스러울 수도 있다. 그래서 듀이는 아리스토텔레스가 여가와 노동을 대립되고 분리되는 것으로 다루는 점을 비판한다. "그는 이러한 분리는 고대 그리스의 두 계급 즉 자유인과 노예가 가져온 사회 제도와 교육 제도의 산물이라고 생각했다." 듀이가 보기에 그리스인들은 "인간만이 다른 동물과 구별시켜 주는 이성을 가지고 있다고 생각했다는 것이다. 인간의 독특한 기능인 이성을 발달시키는 것이 인간의 목적이었다는 것이다. 관찰, 명상, 숙고, 사변의 삶은 그 자체로 추구하는 것이 인간의 고유한 삶이라는 것이다."

이렇게 본다면, 아리스토텔레스에게 관조적인 지성 활동이 이루어지는 '여가'적 삶이야말로 가장 인간적인 삶이 되는 것이지만, 듀이는 이 분리를 비판적으로 본다. 듀이가 아리스토텔레스를 비판적으로 본 것은 노동과 여가가 계급적으로 분리되었다는 점에 초점이 맞춰져 있다. 노동을 담당하는 계급이나, 노동의 조건 속에도 '여가'적 활동이 존재하고 또 존재해야 하는 것으로 보는 것이다. 듀이는 노동과 여가가 상호 관련 속에서 작동하도록 해야 한다고 보고 있는 것 같다. 아리스토텔레스와 듀이 사이에 존재하는 논점의 차이를 비교해 볼 때, '여유'가 차지하는 위상의 변화는 결국 인간 존재의 위상과 관련된다. 민주주의 사회에서 '여가'가 아리스토텔레스 시대의 위상을 가질 수 없는 것은 매우 당연하다.

하지만, 듀이가 설령 그런 생각을 가지고서 아리스토텔레스를 비판했다고 하더라도 '여가' 자체에 대한 인식은 그렇게 다르지 않다. 듀이가 아리스토텔레스의 다음과 같은 말, 즉 "어떤 직업, 기술, 공부라도 그것이 자유인의 신체, 영혼, 지성을 탁월성을 발휘하는 데 적합하지 않게 해버린다면 그러한 것들을 기계적이라고 불러 마땅하다"고 한 것을 영원히 옳은 주장이라고 봤다는 사실만으로도 '여가' 자체에 대한 인식에서는 그렇게 큰 차이가 없음을 알 수 있다.

4

동양 전통에서 '여가'를 철학적 핵심으로 사용한 경우는 유가 철학보다는 도가 철학, 그것도 특히 장자에게서 비교적 두드러진다. 장자는 '여가'의 의미를 '놀이'라는 단어로 보여준다. 한자로는 '遊'라고 쓴다. 우리는 보통 '유遊'를 '놀이' 혹은 '놀다'로 번역하는데, 아리스토텔레스의 철학을 염두에 두거나 거기에 맞추어서 번역한다면 당연히 '여가'로 번역하는 것이 적합하다. 아리스토텔레스가 말하는 '놀이'는 "여가가 날 때 해서는 안 될 일"일 뿐만 아니라, "노동을 하다가" 이완이나 휴식을 위하여 "짬짬이 해야" 하는 것 정도에 불과하다. 그것은 단편적이고, 수단적이고, 기능적이며, 직공들이 하는 차원의 활동이다. 그런데 장자가 말하는 '유'는 주체가 매우 자유로운 상태에서 세계와 전면적인 접촉을 하거나 이해를 하는 단계에서 행해지는 활동이다. 이 '유'에서 궁극적 자유의 경지가 실현되고 전면적 통찰이 확보되며 행복과 성숙이 자리한다. 이렇게 본다면 장자의 '유'는 당연히 아리스토텔레스의 '여가'와 매우 유사하다.

그럼 장자에게서 '유遊'는 무엇인가? 장자는 최고의 인격 형태를 가진 사람을 '지인至人'이라고 한다. 지인은 아리스토텔레스의 표현과 견준다면 '신적인 어떤 것'을 내면화한 사람이다. 이것을 동양 철학에서는 흔히 '천인합일天人合一'로 표현한다. 세계를 '관계성 속에서 유동하는 전체'라고 볼 때, 그 '유동적 전체성'을 일기에 포착하고, 혹은 이해하고, 혹은 체득하고 그 유동적 전체성과 부딪침이 없이 일체적 느낌을 가지고 함께 유동할 수 있는 경지 정도가 될 것이다.

이것은 보통의 인식 방법으로는 접근할 수 없다. 보통의 인식 방법 — 귀납, 연역, 구분, 결합, 분석, 대조, 유추, 정의, 추상, 상상, 비교, 연합 등등 — 이란 겨우 부분적인 것들 사이의 논리적 추론을 하는 것이기 때문에, 유동적 전체성을 포착할 수 없는 태생적 한계를 가지고 있기 때문이다. 이런 보통의 인식 활동을 스콜라주의 전통에서는 '라티오ratio'라 부르는데, 여기에 일반적인 추론적 사고가 관련된다. 이와 대비되는 마음의 활동을 스콜라주의자들은 '인텔렉투스intellectus'라고 부른다. 이것은 바로 정해진 인식의 방법이나 기반을 거치지 않고 바로 사물이나 세계 혹은 사태를 있는 그대로 받아들이는 사고 활동이다.

이런 사고 활동을 통해서만 우리는 세계의 전체성 혹은 세계의 실상을 만날 수 있다고 하는데, 그것이 바로 아리스토텔레스나 스콜라주의자들에게서 핵심적인 사고 활동으로 다루어지는 '관조(contemplatio)'인 것이다. 장자에게서 '유'는 바로 이와 같은 '관조적' 형태로 세계와 관계하는 형식이다. 왜 그러한지 차분히 볼 필요가 있다.

우선 '지인至人'은 세계의 유동적 전체성과 일체를 이루거나, 그 유동적 전체성을 내면화하여 품어 버린 자다. 장자는 지인의 활동 양태를 다음과 같이 표현한다.

구분된 것으로는 아무것도 없는 동네에서 여가를 보낸다.

(遊無何有之鄕,『장자·응제왕應帝王』)

천지의 통일적 기운 속에서 여가를 보낸다.

(遊乎天地之一氣.『장자·대종사大宗師』)

여기서 '유遊'를 "여가를 보낸다"로 번역했다. 줄곧 "노닌다"로 번역하다가 갑자기 "여가를 보낸다"로 번역하려고 하니 무척 생경하고 어색하게 들린다. 하지만, 일단 아리스토텔레스의 관점에서 '여가'와 '놀이'를 구분한 마당에 장자의 '유'가 이미 '놀이'보다는 '여가'에 더 가깝다는 것이 확인되었기 때문에 좀 어색하더라도 이렇게 번역할 수밖에 없다. 이 두 표현에서 장자가 설계한 이상적 인간상은 어떤 구분된 구획 속에 제한되지 않은 인격이자, "천지의 통일적 기운"으로 번역된 것처럼 세계의 유동적 전체성을 수용한 사람이다. 이 사람은 거의 '신적으로 구현된 인간'이다. 그래서 이 두 문장의 주어는 모두 '조물자造物者'로 되어 있다. 인간 안에서 '신적인 어떤 것'을 이룬 사람인 것이다.

공자의 나이 51세였으나 아직 도를 알아듣지 못하고 있었다. 그래서 남쪽의 패로 가서 노자를 만났다. …… 노자가 물었다. "당신은 도를 어디서 얻으려 했다는 것이오?" 공자가 답한다. "저는 제도나 사물의 명칭, 수량 따위에서 얻으려 했으나 5년이 되어도 아직 터득하지 못했습니다." …… 노자가 말한다. …… "당신이 존중하는 인의仁義란 옛 임금들의 일시적인 주막이며 하루를 머물기에는 괜찮으나 오래 있을 곳은 못 되오. …… 옛날의 지인은 인仁을 일시적인 것으로서 빌려 쓰고, 의義를 일시적인 주막 삼아 들었을 뿐, 유유히 소요할 수 있는 텅 빈 곳에서 여가를 보내며……유유히 소요하며 어떤 작위도 하지 않소."(『장자·천운天運』)

"제도나 사물의 명칭, 수량" 따위를 통한 인식은 제한적일 수밖에 없다. 이런 부분적 역할에 집중하는 것은 '직공(banausos)다운' 일일 뿐이다. 이런 활동으로는 '유동적 전체성'과 일체를 이룰 수 없다. '인의'라는 것들도 모두 이런 정도의 역할을 하는 것이다. 어떤 구분된 경계도 없는 '전체성'에 자신을 가져다 두면서 거기서 '유유히 소요'해야만 '신적인 어떤 것'을 구현하는 이상적 인격이 되는 것이다. 유유히 소요하며 어떤 작위도 하지 않는다는 말은 바로 아리스토텔레스가 말하는 '노동'에 참여하지 않는다는 말이다. '직공다운' 행동을 하지 않는다.

여기서 우리가 주의 깊게 봐야 할 것은 "유유히 소요할 수 있는 텅 빈 곳에서 여가를 보낸다"는 표현이다. 이것이 바로 아리스토텔레스나 스콜라주의자들의 '관조'가 드러나는 곳이다. 관조는 마음의 텅 빈 상태가 세계를 '있는 그대로' 수용하는 일을 말한다. 능동적이지 않고 수동적이며, 사역적이지 않고 피동적이다.

우리의 인식 활동은 대개 능동적이거나 적극적이다. 자신에게 이미 있는 체계나 지식을 동원하여 세계에 적극적으로 다가서는 일이다. 하지만 이런 일은 대개 자신의 체계를 세계에 강요하는 일로 귀결되기 때문에, 세계에 대한 인식이라고 하더라도 자신에게 이미 있는 체계 내의 범위를 벗어나기 어렵다. 그래서 사실은 세계를 전면적으로 인식하거나 세계의 진실을 접촉하는 것이 불가능하다. 세계의 진실성을 접촉하는 일 혹은 세계의 '유동적 전체성'을 포착하는 일은 자기 안에 준비되어 있는 인식 체계를 포기하고, 세계가 전체적으로 자신에게 드러나도록 기다리는 수밖에 없다. 그래서 관조는 매우 비밀스럽고 찰나적인 일일 수도 있다. 이런 이유로 장자는 세계의 진실과 만나는 일을 하기 전에 우선 체계에 갇힌 자기를 '살해'해야 한다고 말한다.

> 남곽자기南郭子綦가 책상에 기대앉아 하늘을 멍하니 쳐다보며 한숨을 길게 내쉰다. 멍한 모습이 실연이나 당한 것 같다. 안성자유顔成子游라는 제자가 옆에서 모시고 있다가 물었다. "왜 그러십니까? 몸은 마른 나뭇가지처럼 되었고 마음은 불 꺼진 재와 같으십니다. 지금 책상에 기대고 계신 모습은 전에 책상에 기대고 계시던 모습과 다릅니다." 그러자 자기가 말했다. "이런 질문을 하다니! 너 참 대단하구나! 나는 지금 나를 장례 지냈다. 네가 그것을 알아봤단 말이냐?"(『장자·제물론齊物論』)

'장례 당한' 나는 구분되어 기능적으로 작용하는 모든 제한적 조건들을 벗어난 상태다. 이것을 장자를 비롯한 도가 전통에서는

'허虛'라고 표현한다. 이 '허'의 상태는 자신을 이 세계에 대하여 '수동적 상태'를 유지하도록 내버려 둔다는 말이다. 이렇게 되면 인간은 세계를 주어지는 대로 받아들일 수 있는 은밀한 활동을 시작한다. '라티오'가 아니라, '인텔렉투스'를 할 수 있게 된 것이다. 이제 인식의 주도권을 내가 갖지 않고, 세계에 줘 버렸다. 내가 인식하는 것이 아니라, 세계가 드러나는 것이다. 그래서 장자는 수동적으로 따르는 활동인 '인因'과 '순順'을 매우 중요한 사고 활동으로 제시한다.

장자가 보기에 최고 단계의 인격이 하는 사고 활동은 "사물의 사실적인 움직임을 그대로 따르지, 거기에 자신의 사적인 기준을 적용하지 않는"(順物自然而無容私焉. 『장자·응제왕』) 것이다. 전형적으로 수동적인 특징을 드러내는 관조적 사고 활동이다. 드러나는 세계를 그대로 받아들일 수 있도록 잘 정비된, 혹은 텅 비운 마음의 상태를 장자는 '심재心齋'라고 칭한다. 장자의 다음 말을 들어보자.

> 너는 잡념을 없애고 마음을 통일하라. 귀로 듣지 말고, 마음으로 듣도록 하고, 마음으로 듣지 말고 기氣로 듣도록 하라. 귀는 소리를 들을 뿐이고, 마음은 밖에서 들어온 것이 자신에게 있는 것에 부합하는가의 여부로 알게 될 뿐이지만, 기氣란 공허하여 무엇이나 다 받아들인다. 참된 도는 오직 공허 속에만 모인다. 이 공허가 곧 심재心齋다.(『장자·인간세人間世』)

자신을 감각의 제한 속에 두지 않는다. 마음속에 이미 구축된 기준을 적용하려 애쓰지 않는다. 어떤 가치나 체계가 개입되지 않은 '사실'의 세계에 자신마저도 그저 '사실의 덩어리'로만 남겨 둔다. 거기서 자신은 세계의 진실과 비로소 만난다. '유동적 전체성'을 자신이 품게 되는 것이다. 이런 사고 활동을 아리스토텔레스나 스콜라주의자들은 모두 '관조'라고 불렀고, 이 관조적 활동 혹은 '관조적 삶(vita contemplativa)'이 인간 안에 '신적인 어떤 것'을 실현하는 일로 다루어졌다. 다른 말로 하면, 가장 궁극적이며 최고의 차원에서 '인간'인 것이다. 이렇게 본다면, 아리스토텔레스나 장자에게 '여가'는 바로 인간 존재의 궁극처가 작동하는 것이자, 자아실현의 최고 단계라고 할 수 있다.

참 신기한 일처럼 보일 수도 있겠다. 수동적 사고 활동이 자기 소멸로 귀결되지 않고, 어떻게 자아실현의 활동으로 귀결될 수 있는가? 장자에 의하면 우리의 감각 기관이나 마음의 활동은 세계를 '소유'하려는 활동이다. 그러나 스스로를 장례 지낸, 즉 '자기 살해'를 지난 '텅 빈' 자아는 오직 관조적 태도를 유지하며 소유하려는 어떤 노력도 없이 있는 그대로를 그냥 받아들인다. 세계를 개념적으로 포착하지 않고, 세계 전체 즉 '유동적 전체성'에 자신을 내맡겨 버리는 것이다. 세계를 봐야 하는 대로 보지 않고, 보이는 대로 보는 것이다.

이런 상태에서는 마음과 세계가 일체를 이룬다. 이제 마음은 세계를 있는 그대로 받아들이게 되었다. 봐야 하는 대로가 아니라 보이는 대로의 세계는 자신의 마음보다 훨씬 넓다. 결국 관조적 상태에서 세계와 이룬 일체는 마음을 넓게 확장시켜 주는데, 이것은 바로 자기 존재의 확장이 된다. 역설적으로 말하면, 세계를 존재적 상태로 내버려 두었더니 세계가 마음에 소유되어 버렸다. 이것을 우리는 자아실현이라고 표현할 수 있다. 그래서 여가적 활동을 하면서 수동적인 태도를 취하는 관조적 인간은 다시 주도적이고 능동적 인간으로 등장한다. 장자는 이것을 다음과 같이 표현한다.

> 이 세계의 궁극처에서 여가를 보내는 사람은 사물을 사물로 다룰 수 있지만, 사물에 의해서 사물로 다루어지지는 않는다.(『장자·산목山木』)

궁극처에서 '여가'를 보낸 사람은 세계의 유동적 전체성과 일체를 이룬 사람이다. 이 사람은 여가 속에 있던 사람이고, 관조적이며 또 수동적이었다. 이 수동적인 사람이 결국은 외적 세계에 의해 휘둘리지 않고, 자신의 주체성을 실현하게 된다는 뜻이다. 세계의 전체성을 품은 사람이 그 전체성을 이해하는 바탕 위에서 하는 행위가 자신에 의해 능동적으로 실현되고 결국 자아가 이 세계 속에서 실현되는 결과로 이어지는 모습이다. 물론 계급적 구분이 주는 한계도 있지만, 아리스토텔레스의 철학에서 '여가'를 담당하는 '자유민'들이 관조적 활동을 하면서 세계의 주도권을 장악했다는 것을 구체적 사례로 들어서 유비해 볼 수 있겠다.

이처럼 아리스토텔레스와 장자에 따르면, '여가'를 통해서 인간은 자신의 존재성을 가장 진실하게 확인하고 표현할 수 있다. 또한 여가에서 작동되는 관조적 활동이 수동적 활동임에도 불구하고 오히려 세계의 진실이나 전체성을 제공하여, 인간으로 하여금 자아를 능동적이고 적극적으로 실현할 수 있게 해준다. 이렇게 본다면, '여가'적 상태에 있을 때 인간은 가장 궁극적인 의미에서 인간일 수 있다. 인간이 자기 존재성을 확인할 수 있는 곳은 바로 '유遊'의 활동 속에 있다. 바로 '여가'의 활동 속인 것이다.

5

우리가 일상 속에서 보통 생각하는 '여가'는 매우 가볍고 경쾌한 것이다. 하지만 아리스토텔레스나 장자를 끌고 들어와서 논의를 하다 보니 즐겁고 경쾌한 여가는 사라지고, 중후하고 엄숙한 여가만 남아 버렸다. 이 엄숙한 논의를 통하여 우리는 인간 존재의 궁극처가 여가의 활동 속에서 실현됨을 본 것은 큰 소득이다. 하지만 우리의 여가가 줄곧 이렇게 엄숙할 필요가 있을까 하는 점은 여전히 의문으로 남는다.

장자에게서는 분명하지 않지만, 아리스토텔레스에게서는 '여가'와 '놀이'가 분명히 구분되어 있다. 여가는 관조적이고 지성적인 활동으로서 우리를 진정한 행복으로 인도한다. 하지만 놀이는 노동의 생산성을 위한 단순한 이완이나 휴식에 불과하다. 여가는 노동을 지배하지만, 놀이는 노동에 봉사한다. 여가는 그 자체로 목적이지만, 노동은 다른 것을 위해 봉사해야 하는 수단이다. 놀이는 그 수단에 봉사하는 수단일 뿐인 것으로 치부되고 있다.

아리스토텔레스가 부정하던 '놀이'는 그리스어로 '파이디아 paidia'인데, 현대 영어로는 보통 'amusement'로 번역한다. 대개 '오락'이나 '놀이'를 뜻한다. 그런데 오락이나 놀이에는 여가적 요소가 없는가?

아주대학교 김경일 교수가 소개한 한 실험을 보면, 단순한 놀이에서도 순간적인 관조적 통찰이 구현됨을 알 수 있다. 천장에 두 개의 끈을 간격을 벌려서 달아 놓고, 한 사람으로 하여금 두 줄을 한꺼번에 잡으라는 임무를 주는데, 이미 잡을 수 없는 상태로 벌려 놓았기 때문에 처음에는 잡을 수가 없다. 그때 가위를 주고, 그 가위를 이용하여 어떻게 잡아 보라고 한다. 피실험자는 한 손으로는 끈 하나를 잡고, 다른 한 손으로는 가위를 들고 다른 끈을 날에 물려서 잡아 보려고 하지만 실패한다. 가위로 잡으려는 시도를 부단히 하지만 계속 실패할 때, 망치를 준다. 망치를 받아 든 피실험자는 어렵지 않게 반응한다. 즉 망치머리를 한쪽 줄에 묶은 다음 그 망치 끝을 한 손으로 잡고, 다른 한 손으로는 나머지 줄을 잡아서 성공한다. 망치 길이만큼 연장되어서 벌려진 두 줄을 잡을 수 있게 된 것이다.

그런데 처음부터 왜 피실험자는 망치머리를 묶어서 해결한 것처럼 가위의 손잡이를 줄에 묶어서 해결할 생각을 하지는 못했을까? 바로 가위는 '자르는 일'을 한다는 관념이 너무 강해서 그랬다는 것이다.

이때 실험자는 피실험자에게 다른 환경을 제공해 본다. 즉 가위를 가지고 계속 노력하던 피실험자를 잠시 멈추게 한 후, 옆방에 준비된 놀이 공간으로 데리고 가 1시간 정도 놀게 한다. 거기에는 두더지 잡이나 주먹 휘두르기 등을 할 수 있는 다양한 놀이기구가 준비되어 있다. 그 놀이 기구들과 1시간 정도 놀게 한 다음에 다시 옆방으로 데려가 가위를 주고 양쪽 줄을 잡으라는 임무를 주면, 그때는 어렵지 않게 가위를 한쪽 줄 끝에 묶고 해결을 한다는 것이다.

왜 '가위'를 묶을 수 있게 되었는가? 바로 마음속에 굳게 자리한, '가위는 자르는 도구'라는 관념으로부터 벗어날 수 있었기 때문일 것이다. 이 지배적인 관념을 벗어날 수 있는 힘은 어디에서 왔는가? 바로 '놀이'를 하면서 '이완'되어 버린 마음에서 온 것이 분명하다.

혜자가 장자에게 말했다. "위나라 왕이 큰 박씨를 주길래 그것을 심었더니, 자라나 다섯 섬이나 들어갈 정도의 열매가 열렸소. 물을 담자니 무거워 들 수가 없고, 둘로 쪼개서 바가지로 쓰자니 납작하고 얕아서 아무것도 담을 수가 없었소. 확실히 크기는 컸지만 아무 쓸모가 없어 부숴 버리고 말았지요." 장자가 말했다. "지금 당신에게 다섯 섬이나 드는 박이 있다면 어째서 그 속을 파내 큰 술통 모양의 배를 만들어 강이나 호수에 띄워서 타고 즐기려 하지 않고, 납작하여 아무것도 담을 수 없다는 걱정만 하시오. 역시 선생은 좁다란 쑥대 대롱만 한 마음을 가지셨군요."

『장자』의 첫 편인 「소요유」 편에 나오는 이야기다. '유유자적하게 여가를 보냄'이라는 의미가 담긴 편이다. 보통은 '유유히 노닌다' 정도로 번역했던 것 같다. 어쨌든 혜자는 '박'의 용도를 '물을 담는다' 내지는 '물을 떠먹는다'는 규정된 관념으로 이해하고 있는 사람이다. 여기에는 지식과 이론과 체계와 비율과 분석과 추론이 지배적으로 작동한다. 이렇게 정해진 관념이나 체계를 벗어난 것은 필요 없는 것으로 배제된다. 그 배제의 결과가 바로 박을 부숴 버리는 것으로 나타난다. '여가'의 활동 속에 있거나 '놀이'의 태도를 취하는 장자는 이와 다르다. 장자는 너무 커서 물을 떠먹거나 물을 저장하는 기존의 역할을 할 수 없게 되어 버린 '박'에 대해 정해진 역할을 벗어나서, 물 위에 띄워 놓고 노는 새로운 역할을 부여한다. 죽을 위기에 처한 박에게 새로운 생명을 부여하여 살려냈다. 왜 이것이 가능한가?

'여가'의 활동, '놀이'의 활동은 바로 인간을 기존의 체계를 벗어나서 어떤 것으로도 아직 정해지지 않은 실재의 세계로 돌아가게 만들어 준다. 체계를 벗어난 인간은 '살해된 인간' '장례 치러진 인간'으로서 관조의 경험에 수동적으로 노출된 인간이다. 이런 인간은 세계를 '유동적 전체성'으로 접촉할 가능성을 갖게 된다. 이 유동적 전체성은 '모든 것'이다. '모든 것'은 체계를 벗어난 인간에게 갑자기 다가온다. 갑자기 다가온 '모든 것' 안에는 가위도 '묶을 수 있는 것'이 되고, 박도 '배로 띄울 수 있는 것'이 된다. 세계의 유동적 전체성과 접촉하는 일은 매우 찰나적으로 만나게 된다. 추론적 사고가 긴 시간을 들여서 완성되는 것과는 다르다. 이 찰나적 접촉은 '놀이'에서도 충분히 가능하지 않을까 하는 것이 나의 생각이다. 정해진 체계와 추론을 벗어날 수만 있다면, 일단 이런 관조적 직관의 가능성은 열리기 때문이다.

'여가'가 되었건 '놀이'가 되었건 이런 것들은 어쨌든 간에 '체계'를 벗어나는 일이고, 비율을 벗어나는 일이고, 추론을 벗어나는 일이고, 정해진 것들과 거리를 두는 것이고, 아직 정해지지 않은 세계를 접촉하는 일이다. 여기에는 당위가 아니라 사실만 있고, 이 사실을 재미와 쾌락으로 접촉한다. 그것이 아리스토텔레스가 말하는 '파이디아'라고 할지라도, 재미와 쾌락을 제공하며 인간 본래의 궁극처를 자극하는 한 그것은 우리에게 체계와 거리를 유지하거나 체계를 내려다 볼 수 있는 힘을 제공한다는 점에서 포기해서는 안 될 것이다. 지속적이고 지성적으로 유지되는 '여가'뿐만 아니라, 단편적인 '놀이' 속에서 얻어지는 찰나적인 쾌락이나 재미도 어떤 경우에는 우리를 영원의 궁극처로 끌고 가는 충분한 힘이 된다.

듀이마저도 바람직하게 보내는 여가를 고민한다. 또 현상적인 '여가 문화'에서도 여가 문화가 방탕이나 타락이 되지 않도록 '여가 교육'을 실시해야 한다고 한다. 우리에게 남은 마지막 '해방구'인 재미와 쾌락마저도 바람직한 교육 대상으로 삼아 버린다면, '여가'는 결국 '여가'가 거리를 유지하면서 지배했던 '체계'와 '시스템' 속으로 편입해 버리는 결과가 될 것이다. '여가'마저도 다시 '노동'이나 '일'로 만들어 버리겠다는 시도다.

여가를 재미와 놀이로만 남도록 해야 할 것이다. 체계를 벗어나 재미와 놀이로 나아가는 길에 오히려 관조도 있다. 이 길 위에서라야 모든 창조적 활동이 가능해진다. 지성이 굳고 이성이 굳고 이론이 경직되는 일은 재미와 쾌락만이 막을 수 있다. 여가와 놀이가 제공하는 재미와 쾌락이 인간 존재의 더 깊은 중심이기 때문이다. 하지만 이 중심은 자신의 위치를 굳건히 하려는 중심이 아니라 주변까지도 부단히 들락거리는 중심이다. 여가마저도 중심으로 건축되어 도달해야 할 것, 발견되어야 할 것, 체계를 갖추어야 할 것으로 남는다면 이것은 삶의 재앙이다. 뿌리 없는 중심, 그것은 여가가 존재론적 위상에 접촉함에도 불구하고, '발견해야 할 무엇'이 아니라 부단히 움직이기만 하는 활동성으로 있기 때문이리라.

지성이 굳고 이성이 굳고 이론이 경직되는 일은
재미와 쾌락만이 막을 수 있다.
여가와 놀이가 제공하는 재미와
쾌락이 인간 존재의 더 깊은 중심이기 때문이다.
하지만 이 중심은 자신의 위치를
굳건히 하려는 중심이 아니라
주변까지도 부단히 들락거리는 중심이다.
여가마저도 중심으로 건축되어
도달해야 할 것,
발견되어야 할 것,
체계를 갖추어야 할 것으로 남는다면
이것은 삶의 재앙이다.